Arno Holz

Die Blechschmiede

CLASSIC PAGES

Holz, Arno

Die Blechschmiede

Reihe: *classic pages*

ISBN: 978-3-86741-523-1

Auflage: 1
Erscheinungsjahr: 2010
Erscheinungsort: Bremen, Deutschland

© Europäischer Hochschulverlag GmbH & Co KG, Fahrenheitstr. 1, 28359 Bremen (www.eh-verlag.de). Alle Rechte beim Verlag und bei den jeweiligen Lizenzgebern.

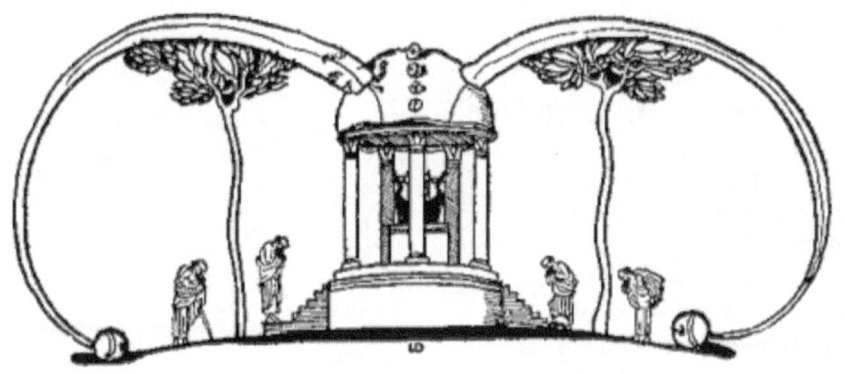

Prolog:

Seit der alte Papa Wieland
seine liederlichen Musen
abenteuerlich ersuchte,
ihm den Hippogryph zu satteln,
hat schon mancher deutsche Dichter
diesen Trick ihm nachgeäfft.
In das süße blaue Wunder
unsrer Jungfrau Poesie
stippte altklug Mutter Prosa
die didaktisch lange Nase,
und die Töchter des Olympiers
degradiert nun frech zu Jockeys
jeder Schlingel, dem erbärmlich
auf der schlecht geleimten Leier
nur ein dünnes Därmchen schnurrt.
Leider bin ich auch bloß Mensch.
Dumpf in meine Wiegenlieder
brandete von fern die Ostsee,
und wir Deutschen sind entweder
Dichter, oder Philosophen.
Ich bin Dichter. Versefex.
Versefex und degradier drum
jene schlanken Marmorschönen
mit dem weltverliebten Herzen
heute selbst zum Stallknechtsdienst.

He, Euterpe, raus den Schinder!
Wiehernd bäumt er sich ins Licht.
Zieh, Urania, erst mal, bitte,
dort den Strohhalm aus dem Schwanz.
Klio und Kalliope,
putzt ihm spiegelblank die Hufe,
knüpft ihm Blumen in die Mähne,
hängt ihm Rauschgold an die Flügel,
mutig bläh'n sich seine Nüstern,
wohlig zuckt sein Seidenfell.
Schlottert hier nicht noch ein Riemen?
Mensch, Melpomene, du stellst dich
ja noch dümmer, als du bist!
Fester, Erato, den Sattel,
oder denkst du dir, ich wollte,
rhythmisch über Wolken stolpernd,
einen Kopfsprung inszenieren?
Kind, Thalia, willst du wohl?
Händchen weg, das Luder beißt!
Recht so, Polyhymnia,
reich ihm den kristall'nen Eimer,
roten, funkelnden Falerner
zulpt der alte Schwede gern.
Hm; die Bügel federn gut.
Auch die Peitsche zieht brillant.
So. Und jetzt, Terpsichore,
heb dein Tunikachen, tanz
ihm eins rittlings vor dem Hintern,
unterm Schlage seiner Schwingen
stäuben Blüten aus den Wipfeln,
und verdutzt vom Kirchturm kräht schon
hinter uns der goldne Gockel.

Chor:

Denn die Wolken, die Wolken sind ewig schön,
ob sie nun über Äppel- oder über Birnbäume gehn!

Vorhang

Eine weiße Seidendraperie mit gelben Japandrachen. Sie teilt sich und die Bühne stellt die Zirbeldrüse des Dichters dar. Eine Unmasse Hirnsand. Im Vordergrund links eine birmanische Pagode, rechts ein griechischer Tempel, im Hintergrund eine Kathedrale. Die Kathedrale ein Ausschank von Aschinger, der Tempel ein Warenhaus von Wertheim, die Pagode eine Filiale vom Berliner Lokalanzeiger. In der Ferne unterscheidet man deutlich das Altertum, das Mittelalter und die Neuzeit. Apollonius Golgatha, auf einem Postament in der Mitte. Glockenrock à la Thomas Theodor Heine, aus seinen Rockschößen die "Blätter für die Kunst", als Pegasus ein Schaukelpferd. Das Postament ein parischer Marmorblock mit einem Sims aus purpurnen Eselsohren. Rundherum, außer verschiedenen Zeitgenossen, mehrere Herren aus gewesenen Jahrhunderten: Hiob, Dafnis, Pickelhering usw. Auf den Stufen des Unterbaus, die gedankenschwere Hirnterrine in die Linke gestützt, der Herr Mitte dreißig; das ganze Individuum um seinen Kneifer konzentriert.

Der Herr Mitte dreißig:

O Haupt voll Blut und Wunden,
o deutsche Poesie,
wie hat man dir geschunden
dein Tüpferl auf dem i!
Durch Mond und Sterngeflimmer
welteinwärts glänzt ein Steg –
das Maultier sucht noch immer
im Nebel seinen Weg!

Apollonius Golgatha:

Andre singen andre Lieder.
Mein Gefieder
flieht den Tag und sein Gefunkel,
feuerfarben sucht's das Dunkel.
Andre lieben andre Leiber.
Meine Weiber
schmachten, schimmernd wie Narzissen,
schwül aus schwarzen Finsternissen.
Andre haben andre Hirne.
Meine Birne
liegt im Streit mit meinem Nabel,
sozusagen: Kain und Abel!

Chor der Jünglinge *rechts; rote Glacèes, umgekrempelte Hosen, Monokles, Schnabelschuhe; aus der Lokalanzeigerpagode*:
Wir sind keine Sittenprediger und lieben nur die Schönheit. Mehr als das schwarze Leder der Bücher behagt uns die weiße Haut, die über die quellende Brust des Weibes gespannt liegt, oder ein blondes Bein, das seiden aus einem geschlitzten Sternkleid schimmert!

Chor der Jungfrauen *links; aus dem Wertheimtempel*:
Unsere Haare zum Fest sind köstlich aufgebunden, Purpurbänder schlingen sich durch unsre Zehen, wir suchen die zuckende Schönheit des Moments!

Beide:
Wir haben an denselben Brüsten getrunken, unsere Augen haben sich an denselben Zierraten geweidet, wir tragen dieselben Wunden und Geschwüre!

Apollonius Golgatha:
Schrill aus blutenden Karbunkeln
unerhörte Blumen funkeln:
die blauen Blumen meiner Brust,
die um die verschütteten Brunnen gewusst!

Der Herr Mitte dreißig:
Gackre, gackre, dumme Gosch!
Grün wird mir und blau!
Aufgeblasen wie ein Frosch!
Eitel wie ein Pfau!

Impresario *Ziegenbart, Zeigestock*:
Dichter mit assyrischen Bärten, die steifen Locken wunderlich verschnörkelt, präraffaelitisch bleiche Maler, matte und wie Lilien fällige Komtessen, nach den Paradiesen unbekannter Schönheit lüstern, und zwischen den scheuen und wie verschmachtenden Farben ihrer weiten und welken Gewänder glänzt silenisch und wüst der Schädel des Verlaine!

Der Herr Mitte dreißig:
Man ist kein Schnorch wie früh'r der Schniller,
man isst bei Dreßel und bei Hiller;
man ist besorgt ach, um sein Rühmchen –
jede Zeile ein Gänseblümchen!

Apollonius Golgatha:
Gehüllt in meines Liedes blauen Mantel
zertritt mein Fuß die giftige Tarantel.
Was speist du hier dein belferndes Geschwehle?
Wo kommt es her? Mitnichten aus der Seele!

Dafnis, *ein Schäffer*:
Wie sie sich kniffen, wie sie sich knuffen,
wie mir für Freuden die Ädergen buffen!
In Rom, Korinth, Athen
kann man nichts Schönres sehn.
Auff, nun lasst die Stimmlein schallen,
ihr gelehrten Nachtigallen!

Autor:
Von Tromsö bis Malta:
Hic Rhodus, hic salta!

Chor der Greise *in langem Zuge aus der Aschingerkathedrale. Goldne Brillen, weiße Westen, Bierbäuche; Harfen*:
Um die Fliederzeit,
wenn der Kuckuck schreit,
wird das Herz uns immer wieder jung.
Uns zur Seite geht,
wenn der Lenzwind weht,
leisen Schrittes die Erinnerung!

Die Grünen:
Dann setzten sie ins Gras sich nieder
und quäkten ihre alten Lieder:
Die Liebe ist der Liebe Preis
und auf dem Dache sitzt ein Greis!

Erster Greis, *Verfasser von "Veilchen und Meerrettich"*:

O, dass ich dein auf ewig bliebe,
du meiner Seele Harmonie,
denn du, nur du bist meine Liebe,
du hocherhabne Poesie!
Mein krankes Herz fühlt sich genesen,
wenn mich dein Flügelschlag umkreist;
denn was ich fühle, ist dein Wesen,
und was ich denke, ist dein Geist!

Zweiter Greis, *Verfasser von "Edelrost und Grünspan"*:

Ob du, ein Blitz aus düstrer Wolke,
als Schicksal durch die Lande rast,
ob du als Freiheit dich dem Volke,
als Liebe dich dem Herzen nahst:
in dieser Welt geweihtem Ringe
von allen Wundern gleicht dir keins;
du bist die Mutter aller Dinge,
du bist die Seele allen Seins!

Die Grünen:

Lirum, larum, Löffelstiel,
alte Männer dichten viel.
Dichten viel und dichten sehr,
lang, lang ists her!

Dritter Greis, *Verfasser von "Vom Tintenfass ins Weltall, oder Plomben für den kranken Zahn der Zeit"*:

Wieder lag ich still im Nachen,
abendluftumweht,
hörte, wie die Fischlein sprachen
sacht ihr Nachtgebet.
Schaute, wie die Blümlein schlossen
ihre Äugelein,
ach, und meine Tränen flossen
unaufhaltsam drein!
Und als süß dann durch die Eiche
noch das Mondlicht quoll,
schwammen Mummeln auf dem Teiche,
bleich und stimmungsvoll.

Sag, was gibt es Angenehmres,
als im Teich ein Bad?
Gibt es manchmal was Bequemres,
als ein Mummelblatt?

Der Herr Mitte dreißig:

Festgeleimt durch sein Gestänklein,
hockt das auf dem Dichterbänklein.
Hinter Bergen
von Latwergen,
die Pupillen
schützen Brillen.
Und so knickt das seine Läuschen,
Habakuk im Wetterhäuschen!

Chor:

Jene süßliche Welt blonder Empfindsamkeit,
deren Doppelsymbol Lehnstuhl und Ofenbank,
wo die Jünglinge seufzten
und empfanden wie Hagedorn!
Ach, schon hieß Papa Gleim Deutschlands Anakreon,
und die Sprache, die einst Luther aus Holz geschnitzt,
lernte zierlich zu tänzeln
wie ein fränkisches Menuett!
Fashionable war nun Dörfchen und Abendstern,
Tau und Rosengebüsch, Bächlein und Nachtigall,
und die zärtliche Flöte
schluchzte nächtlich den Vollmond an!
Lang ists her, schon manches Jährchen,
Vieles ist seitdem geschehn –
müssen noch immer um eure Pärchen
mondversilberte Pappeln weh'n?

Apollonius Golgatha:

Märchenselig wob ein Baum
pfauenfarbne Schwingen,
leise Glocken ließ mein Traum
über mir erklingen.

Meiner Liebe schwarze Qual
schlief vergessen,
lieblich stand das ganze Tal
voll Zypressen.
Und des Friedens weiße Täubchen,
keusch im Bogen,
zitternd ein demantnes Stäubchen,
kam geflogen.
Zart und zierlich wie aus Glas
klang sein Stimmlein:
sieh dies Blümlein, sieh dies Gras,
sieh dies Immlein!
Und dazwischen, blau und seiden,
sang der Bach:
Willst du nicht das Lämmlein weiden?
Weinend ward ich wach!

Der Herr Mitte dreißig:

Privatim sei stupide,
doch bist dus auch im Liede
und quälst du mir mein Ohr,
vergleich ich dein Gesinge
dem Messer ohne Klinge,
das seinen Griff verlor!

Apollonius Golgatha:

Die hohe Harfe ist mein Amt,
ich singe, weil ich leide;
die Nachtigall schluchzt schwarzen Samt,
der Flieger aus Kanarien gelbe Seide.

Platschneese, *ein Herr mit ausgefransten Hosen und Ballonmütze*:

Aujust, hast wohl n kleenen Pick?
Ziert sich wie ne Zicke am Strick!
Macht hier Stoob un nich zu knapp –
stoß dir man keene Zierraten ab!

Apollonius Golgatha:

In die süße Himmelsschüssel
Taucht das Untier seinen Rüssel!
Zurück, zurück zu deiner Hölle Kesseln,
trägbeiner Molch, von unsern samt'nen Sesseln!

Der Herr Mitte dreißig:

Noch niemals fühlte sich das wohl
bei Pökelkamm und Sauerkohl.
Das lutscht nur Nürenberger Leckerl,
o Jeckerl!

Apollonius Golgatha:

Johlend über meine Diamanten
taumeln trunkne Korybanten!
Euch tönte nie, beglänzt vom heil'gen Graal,
das bunte Lied vom singenden Opal!

Platschneese:

Immer durch denselben Schemel
dreht und druxt det seinen Drehmel.
Jott, wenn ick schon sowat seh –
dhut Ihn denn det janich weh?

Apollonius Golgatha:

Fahl um meiner Seele Säulen
scheucht die Schwermut ihre Eulen.
Fern versprühend blaue Wetter,
schwere, schwarze Lorbeerblätter!
Aus meinen Reimen stöhnt ihr Ach
die dumpfe Sucht am lichten Silberbach,
aus meinen Liedern schluchzt ein Weh,
süß wie Oboen, grün wie Aloe!

Alle:

Die Gedanken,
die da stanken
aus den Blanken
eines Kranken!

Der Herr Mitte dreißig:

Auf Reime sind wir wie versessen,
was sich nicht reimt, wird hier gefressen.
O lieblich parfümierte Musen,
o Schnürkorsett, o Gummibusen!
Die einen Biester sind lahm und hinken,
die andern nach Lack und Firnis stinken;
kokett behangen den Popo
mit bunten Lappen aus dem Rokoko!

Großstadt-Lyriker *in Frack und weißer Binde vor die Souffliermuschel*:

Hurrah Sylvester! Heut gibt's Krapfen
und roten Punsch statt grünen Tee!
Von allen Dächern hängt in Zapfen
gefroren der Dezemberschnee.
Die Großstadt, eine Weltkokette,
streut Reif als Puder sich ins Haar –
in pelzverbrämter Toilette
erwartet sie das neue Jahr.
Schau, in den Straßen, welch ein Treiben!
Laternen blitzen durch die Nacht,
und hinter gasdurchhellten Scheiben
winkt Schehresadens Märchenpracht.
Aus Glas und Stein gebaute Hallen,
ein nie erschautes Paradies,
bunt vollgepfropft mit Warenballen
aus Peking, Kairo und Paris!
Das ist ein Funkeln und ein Blitzen,
hier Pfefferkuchen, Marzipan,
hier Goldbrokat und Brüssler Spitzen,
und dort gar Sèvreporzellan!
Verwehte Südfruchtdüfte fächeln
die Leute, die vorübergehn,
und gnädig, mit gelauntem Lächeln,
bleibt oft der Reichtum davor stehn....
Ein Boudoir ist's, schwer verhangen
mit Goldbrokat und Musselin;
wie ein Gewühl von blauen Schlangen,
aufzischt das Feuer im Kamin.
Der Teppich träumt in seiner Weise

von einem türkischen Bazar,
und auf dem Teetisch brodelt leise
der silberschwere Samowar.
Bunt deckt die Wand Correggios Leda,
und weich umflattert die Kopie
ein Duft von Veilchen und Reseda,
wie eine Frühlingsphantasie!
In kleinen, himmelblauen Wölkchen
umstäubt der modische Parfüm
ein marmorweißes Göttervölkchen
in mythologischem Kostüm.
Von rosa Zwielicht überflossen,
im weißen Nanonnegligee,
lehnt dort aufs Sofa hingegossen
die junge Gattin des Rouee.
Sieh, die noch jüngst als schöne Lola
die goldne Jugend enchantiert,
liest nun als Gräfin Emil Zola
und fühlt sich fürchterlich schockiert.
Der Vorstadt niedrige Baracken
ihr wüst Asyl, dem sie entwich,
drin teilen in zerlumpten Jacken
der Hunger und die Kälte sich.
Und mitten unter all den Schuppen
am zugefrorenen Kanal
erheben sich zwei düstre Gruppen:
das Irrenhaus und das Spital.
Um sie härmt sich in seiner Kammer
das Elend, wie um ein Idol –
für diese Welt und ihren Jammer
ein wahrhaft köstliches Symbol!

Der Herr Mitte dreißig:

Von außen morsch und innen hohl,
du selber bist mir ein Symbol!
In allen Fingern fühl ich's jucken,
auf andrer Kosten lässt es drucken!
Der Herr mit der Halsbinde wird abgeführt.

Apollonius Golgatha *ihm nach, schmerzlich*:

Was bleibt nun noch auf diesem runden Ball?
Seht, auch die Kunst – man stößt sie vom Kothurne.
Einst schlug sein Herz wie eine Nachtigall,
doch ach, nun gleicht es einer Tränenurne!

Symbolist, *Ersatzmann*:

Ein fernes, seltsam fremdes Land,
kein Gras, kein Kraut, nur fahler Sand,
aus schwarzen Himmeln weiße Sonnen...

Der Herr Mitte dreißig:

Pardon, ich kenn auch diesen Ton.
Beim Freiherrn Detlev Liliencron
empfand mein Herz schon gleiche Wonne!
Auch dieser Mann wird abgeführt.

Apollonius Golgatha:

Da zieht er hin mit länglichem Gesichte.
O, sehr mit Recht hab ich mal sagen dürfen:
Wir Dichter sind die Tränen der Geschichte,
die heiße Zeiten mit Begierde schlürfen!

Butzenscheibler:

Zur Pfingstenzeit am Schenkentor,
da geht es lustig zu;
da spielt das Musikantenkorps,
da klappt der rote Schuh.
Da wogt manch enges Mieder,
da springt manch festes Glas,
da klingen Schelmenlieder
zur Fiedel und zum Bass.

Der Herr Mitte dreißig:

Nächstens wird mir die Sache zu bunt!
Man kommt sich ja vor, wie ein räudiger Hund!
Schon klingt sie wieder laut und leis,
die abgeschlachte Vielfraßweis!
Zur Pfingstenzeit am Schenkentisch,
da bin ich gern dabei;
doch kommt mir solche ein Flederwisch
und reimt drauf Tanderadei:
dann, schwapp, und Gott befohlen
den Takt ihm hinters Ohr –
der Teufel soll dich holen
auf deinem Haberrohr!

Apollonius Golgatha:

Vergeblich schwingst du deine Keule
um seiner Rhythmen weiße Porphyrsäule!
Schon grollt in deinen zügellosen Tanz
der Göttin Bild in veilchenfinstren Glanz!

Erster Jüngling, *Verfasser von "Lichte Momente", "Gesalbte Scheitel", "Gipfelgesänge"*:

Hoher Sterne steile Dolden
pflücke ich im Traum der Holden;
rings die Wälder tief verschneit.
Einsamkeit...
Hoher Sterne steile Dolden!

Der Herr Mitte dreißig:
Das dichtert wieder netten Mist,
das macht, der Kerl ist "Oh du"-ist.
Sein X sehnt sich nach ihrem U,
"Oh du!"

Zweiter Jüngling, *Verfasser von "Rote Reime", "Granitne Stirnen" usw.*:
Durch China wanderte einst solo
der weltberühmte Marco Polo.
An einem Wintertag strich Pan
durch einen Wald aus weißem Filigran.

Der Herr Mitte dreißig *noch "röter" und noch "granitner"*:
Entschleiert wie das Bild von Sais,
entstieg dem Meer die schöne Lais.
Und gar, gefolgt von seinem Puma,
entstieg dem Goldthron Montezuma.
O du so ganz verrücktes Huhn,
du Jüngling mit den Schnabelschuh'n!

Dritter Jüngling, *Verfasser von "Nackte Nächte", "Belauschte Bäder" usw.*:
Ich lag in einem Lupanar
und sah im Traum mein Mädchen baden;
von ihren Schultern wie Kaskaden
melodisch troff das schwarze Haar!
Süße, unerhörte Lüste,
die mein Herz genießt,
wenn das Mondlicht deine Brüste
flimmernd übergießt!
In deines Leibes weiße Prächte
verschwelg ich selig meine Nächte,
verträumen will ich Raum und Zeit
in deines Busens blasser Üppigkeit!

Apollonius Golgatha:
So baut er träumerisch aus Worten
sich einen Turm mit sieben Pforten
in jener blauen, unerschlossnen Welt,
in die sein Singen lichte Throne stellt!

Der Herr Mitte dreißig:

Himmel, sakra, meine Leier
stipp ich jetzt in Dracheneier!
Hört auf, mir wird ganz krank.
Nur Zuckerwasser trinkt das
und nach Vanille stinkt das
sein ganzes Leben lang!
Mutter Natur hat nächtlich orakelt,
ihr aber habt wie die Hühner gekakelt!
Und wenn ihr euch in Verse schnäuzt,
dann ist es die Kritik, die keuzt!

Mathias Weber, *Reformdichter. An einer langen Leine von oben her. Purpurne Toga, Goldkranz, Leier*:

Welle, Welle, Welle, du,
Kobold auf der Wasserflut,
wirst du meine Heimat streichen,
o, so biet ihr meinen Gruß,
weil ich doch in weiter Ferne
von der Heimat weilen muss!

Alle:

Wir haben nur einen Dichter
auf unserm Erdenrund:
er hat uns die Welle geschrieben,
sie geht von Mund zu Mund!

Stimme *hohl vom Schnürboden*:

Vielleicht
alle fünfhundert Jahre
einen schaffen, der ihm gleicht.
Jäher Gedanke! Versuchung, sonderbare!

Der Gefeierte:

dass mein Geist sich nie verliere,
ruf ich dieses Eine nur:
Heil, Germania! Triumphiere!
Flügeladjutantin der Natur!

Apollonius Golgatha:

Die Schätze längst verschütteter Palmyren,
hörst du sie triefen nun aus seinen Lyren?
Das klingt so voll, das klingt so rund.
Nun folg ich blindlings deinen Bahnen,
durch meine Seele zieht ein Ahnen
von Paphos und von Amathunt!

Publikum, zum Autor:

Das flammt und funkelt, blinkt und blitzt,
ich glaube gar, hier wird stibitzt.
Dein Wachslicht scheint mir nur aus Talg,
kein Köder brüllt hier, nur sein Balg.
Ein Esel, der sich kühn verkroch –
mein Gott, die Beene kenn ick doch?

Die Verse:

Mang uns mang is manches mang.
gewiss, mein Herz. Ganz recht. Doch sang
schon Einer auf dem Helicon:
"Und das ist der Humor davon!"

Autor:

So leimt sich mir dies Stück – aus Stücken.
Man knobelt: wird das Monstrum glücken?
Ich schmunzle, bastle und kalfatre,
c'est du plaisir, c'est du théatre!

Chor der Greise:

Das ist doch unerhört frivol!
Auf Veilchen gießt er Vitriol.
Die sieben Farben und die sieben Töne,
der Welt Gestaltung und der Menschheit Treiben,
das ewig Wahre und das ewig Schöne
wird ewig wahr und ewig schön verbleiben.

Die Grünen:

So klang's schon unter Karl dem Kahlen,
nu aber raus und, Schani, zahlen!

Die Grauen:

Bezaubert hielt uns eine Rose,
sie fiel verfault vor uns ins Moos,
uns ward das dunkelste der Lose,
das Dichterlos!
Da blieben die Augen uns nicht trocken,
wir wussten selbst nicht, wies geschah,
und blutend wand sich uns um die Locken
die Dornenkrone von Golgatha.

Die Grünen:

Ein schöner Schmuck. Doch unbequem:
Er drückt. Wie jedes Diadem.
Wir tragen unsre Schädel geschoren;
man sieht so besser unsre Ohren.

Die Grauen:

Eure sogenannte Muse,
diese Fratze, die Fladuse!
Nackt auf einem Tigerfell
räkelt sie sich im Bordell!

Die Grünen:

Wir lieben sie in allen Posen,
mit Hosen und mit ohne Hosen.
Denn sagt nicht Shakespeare schon, das Schwein:
lasst nackte Mädchen um mich sein?

Die Grauen:

Die Liebe, die Petrarca einst gebucht,
nicht jene, die man auf der Straße sucht!

Die Grünen *angefasst, Schunkelwalzer*:

Schön wie Hebe, so standst du vor mir,
längst schnarchte die olle Wolfen,
schön wie Hebe, eh Herkules ihr
zum Schlotterbusen verholfen!
Weiß und selig, süßes Tier,

o du liebe Kleine,
weiß und selig über mir
küssten sich deine Beine!
Ach, wenn es doch immer so bliebe,
mehr Akrobatie, als Liebe!

Die Grauen:

Fade Krüppel fin de siècle,
zwanzigste Jahrhundertsekel!
Kaum ist das aus dem Ei gekrochen,
so hat das auch schon der Haber gestochen!

Die Grünen:

Fade Wortwurstfabrikanten,
Tränendrüsenspekulanten!
Kerls, die schon die Luft verstänkern,
wenn sie die dicken Bäuche schlenkern!

Die Grauen:

Euch hat das Leben "keinen Zweck".
Reicht man euch Gold, ihr macht draus Dreck!
Das setzt auf Alles seinen Trumpf
und füllt sein Tintenfass aus dem nächsten Sumpf!

Die Grünen:

Kerls, die sich ihr Hirn verjauchen
und ihre Reversseite als Fernrohr missbrauchen!
Richtig, so heißt es:
Proleten des Geistes!

Pickelhering:

Dieser da mit dem Monocle
steht sogar auf einem Sockel.
Kritiker der Tante Voß,
zubenannt Kallipygos!

Der EWIGE aus Weimar:

Schlagt ihn tot, den Hund! Er ist ein Rezensent.

Alles starr.

Regisseur *erschreckt nach der Versenkung hin*:
Wie meinen?
Die Versenkung schweigt.

Ein Herr Anfang zwanzig *Garibaldibluse, Heckerhut, riesige bespornte Kanonenstiefel, aus jeder Tasche eine Blutwurst*:
Ich kann und mag ihn nicht mehr dämpfen,
mir aus dem Herzen bricht der Schrei:
Auf Tod und Leben lass uns kämpfen,
du legitime Tyrannei!
An deine windigen Tiraden
häng ich dies bleierne Gewicht:
Das Volk nur ist von Gottes Gnaden,
sein König aber ist es *nicht*!
Mir presst das Herz, mir schnürt's die Kehle
und krampfhaft ballt sich mir die Faust,
wenn du im Schmuck der Kronjuwele
nur Kirchen und Kasernen baust.
Der Freiheit gibst du Bastonaden,
der Wahrheit speist du ins Gesicht:
Das Volk nur ist von Gottes Gnaden,
sein König aber ist es *nicht*!
Doch knechte, knete nur nach Lüsten,
die Zeit, schon gräbt sie dir dein Grab;
nicht ewig wird dein Stolz sich brüsten,
einst rinnt auch deine Sanduhr ab!
Dann naht der Tag der Barrikaden,
dann wird zur Wahrheit mein Gedicht:
Das Volk nur ist von Gottes Gnaden,
sein König aber ist es *nicht*!
Doch du, mein Volk, um das ich weine,
dein Sklaventum sei dir nicht leid;
nie stirbt die Freiheit, die ich meine,
und jedes Ding hat seine Zeit.
Doch stets sei dir dies Wort der Faden,
der rot sich durch dein Leben flicht:
Das Volk nur ist von Gottes Gnaden,
sein König aber ist es *nicht*!

Der Herr Mitte dreißig:

Hilfe, mir platzt das Trommelfell!
Was hat den Kerl gestochen?
Um Gottes Willen, schnell, nur schnell!
Er kommt sonst in die Wochen.
Ihn ärgert's, dass die Welt sich dreht;
schimpft drauf, druckt's und nennt sich Poet!

Der Herr Anfang Zwanzig:

Noch hockt das deutsche Aschenbrödel
am Herd und backt Kartoffelknödel.
Noch schwelgt in Schnaps und Zuckerkant
der Untertanenunverstand.
Bald naht die Zeit, mein Herz, dann gilt's
den Rothschilds und den Vanderbilts.
Und die Herren von Gottes Gnaden?
Fort mit Schaden!
Drum lobt nur, lobt nur den heiligen Geist,
bis die Trommel das Trommelfell zerreißt.
Schon ruft's von England bis nach China:
Quousque tandem, Catilina!

Der Herr Mitte dreißig:

Zum Wohle der Menschheit — lächerlichste Phrase,
die mich einst eingelullt als Kind!
Weit lieber les ich heut Zwerg Nase,
mein weißes Kätzchen schnurrt und spinnt.

Pickelhering:

Es fällt der Schnee in dicken Flocken,
die Menschheit kann ich nicht mehr locken;
idyllisch lauscht er auf die Chöre
der Äpfel in der Ofenröhre!

Der Herr Mitte dreißig:

Hast recht, mein Herz. Besehn bei Lichte —
ich mach mir nicht viel aus der Weltgeschichte.
Die Leute, von denen die Chroniken melden,
gewiss, das waren alles Helden.

Vor Ilium gab es ein Gebrabbel,
und einer hieß Robert gar, Le Diable!
Man pries sie mit Cymbeln, Schalmei'n und Theorben,
Gott hab sie selig, sie sind gestorben.
Lebendiger sticht mich heut ein Floh,
als alle Reden des Cicero.
Und schon ganz und gar nicht find ich dumm
eine blühende Linde voll Bienengesumm.
Auch gäb ich das ganze ägäische Meer
mit Vergnügen für *eine* Bratwurscht her.
Mit andern Worten, in Sachen Geschmäcker
ist jeder sein *eigener* Zuckerbäcker!

Dafnis:

Unter Blüten, tief im Grass,
sizz ich hir auff dem Parnass.
Febus und die drei Mal drei
dantzen üm mich mit Geschrei.
Bachus, der mir vor behagt,
Bachus hab ich abgesagt,
seit ich auf der Liebsten Mund
Honig fund.

Disputax:

Der seine Zeit einst so bewundert,
taucht jetzt ins siebzehnte Jahrhundert;
ein Quetschtenor wird niemals Bass.
Musst du dich nun schon mal verstellen,
so miss doch mit präzisern Ellen
und komm uns gleich mit Ulfilas!

Der Herr Mitte dreißig:

Ich komme, mein Verehrtester,
mit wem's mir grade Spaß macht;
wenn nur sein Allerwertester
sein vollgerüttelt Maß macht.

Dr. Richard M. Meyer *zu einem neben ihm stehenden Makulaturprofessor:*

Dieser Knote und Banause!
Finden sie nicht auch, Herr Krause?
So was kleckst nun "Poesie" —
Alles graue Theorie!

Der Herr Mitte dreißig:

Doktor Richard Moses Meier,
Spuck mir nicht in meine Leier.
Was? Du spuckst? Bei meinem Gaul!
Ritschratsch rum und dir ins Maul!

Chor der Makulaturbrüder *entsetzt:*

Plattgedrückt wie eine Laus,
Gott, wie sieht der Mann nu aus!
Farben wie aus Neu-Ruppin,
Wai geschrien, wai geschrien!

Pickelhering:

Arion ist der Töne Meister —
Hand vom Dudelsack, sonst beißt er!

Arion *um Arme, Beine, Rumpf und Schädel ein ganzes Orchester geschnallt; seine Verse mit diesen abwechselnd begleitend*:
Entsteig ich morgens meinem Bette,
missbrauch ich schon die Klarinette.
Doch oft, dass mich mein Spleen nicht töte,
pust ich ihn auch in eine Flöte.
All meinen Kummer, meinen Hass
grollt, gurgelt, grunzt und brummt mein Bass.
Sehnsüchtig seufzt mein Englisch Horn,
wie weiche Butter schmilzt mein Zorn.
Schmachtlappen säuselt mein Kornett,
mir wird bald grün, bald violett.
Zum Lämmchen macht mich die Schalmei,
zum Prachtstück einer Schäferei.
Laut quäkt und wimmert die Obo,
ein Säugling kriegt auf den Popo.
Es ist nicht immer mein Geschmack,
oft freut mich auch mein Dudelsack.
Auch denk ich manchmal, wen ergreifen
nicht Zinken, Cymbeln, Trommeln, Pfeifen?
Triangel, Bombardon und Becken,
durch Alles weiß ich zu erschrecken.
Ich locke Lieder aus der Geige
und zieh sie lang wie Kuchenteige,
und spiel ich con sordino, nein,
das ist zu schön, man schläft fast ein.
Ein Schlag. Dumpf donnernd dröhnt mein Gong;
du saust vom Stuhl und stammelst Bon!
Zu gern vergieß ich als Prolete
das rote Tonblut der Trompete.
Wie das Klistier in die Kaldaune,
bohrt sich ins Ohr dir die Posaune.
Und wie wird dir erst gar zu Mute,
wenn ich auf der Tuba tute!
Nun näselt die geschabte Bratsche,
nun zieh das Taschentuch und naatsche.
Schon blökt und meckert mein Fagott
den Trauermarsch zum Hirnbankrott.
Süß summt wie eine goldne Biene
im Mondschein meine Mandoline.

Nach zarter Liebe girrt mein Cello,
halb Romeo und halb Othello.
Wie ein Huhn aus Cochinchina
gluckt meine Okarina.
Quetsch ich die Harmonika,
so denk ich an Veronika.
Den Zeigefinger, der sie kraute,
wie innig liebt ihn meine Laute.
Die fett'gen Saiten der Guitarre
zupf ich, wenn ich Romanzen schnarre.
Und kiekst dann meine Stimme —
der Herr schuf sie im Grimme.
So rühr ich wechselnd nach Bedarfe
die Schellentrommel und die Harfe
und fühl mich eins mit meinem Volke,
sobald ich meine Zither polke.
Bald phantasier ich mich marode
auf meiner alten Drahtkommode,
bald streichle ich das Wundertier,
das Mosersche Reformklavier.
Von Tränen nass bis in die Gorgel,
erbarme ich mich dann der Orgel,
und sinkt die Hand mir von den Tasten,
so melk ich noch den Leierkasten.
Doch nun genug von der Klamauke,
sonst fall ich rückwärts in die Pauke
und stoß ins Waldhorn, dass es kracht:
Blau verdämmernd liegt die Nacht!
Das Publikum ist unterdessen seine sämtlichen faulen Äppel an ihn losgeworden, der Entseelte wird aus der Rennbahn geschleift.

Apollonius Golgatha *um sein fehlendes Hirn einen Trauerflor*:

Rund entrollten seiner Leier
Verse bunt wie Ostereier.
Gelegt von einem Aar.
Er ist nicht mehr. Er war!

Platschneese *eine Zwiebel zerdrückend*:

Nee, wie mir det bewecht,
der hat nu ooch den Löffel wechjelecht.

Der Herr Mitte dreißig *nachdem sich das Publikum wieder beruhigt hat*:

Strahlender als Zinn und Zink
strahlt der deutsche Dichterling!
Sitzen zwei Liebende bei einander,
duftet gleich der Oleander.
Duftet schwül der blaue Flieder,
schwillt dem Mädchen meist das Mieder.
Duftet später der Holunder,
wird das Mädchen merklich runder.
Zittert dann zum Schluss die Espe,
ist sie wieder eine Wespe.

Pickelhering:

Wiegt ihr grünes Haar die Birke,
wiegt sie's zaubersüß wie Kirke.
Spiegelt sich im Bach die Erle,
sonnt sich schwänzelnd eine Schmerle.
Regelmäßig weh'n Zypressen,
wenn zwei "Herzen" sich "vergessen".
Rauschen im Sonnenschein Platanen,
muss die "Seele" etwas "ahnen".
Sind es dagegen nur Akazien,
fühlt sie klassisch und träumt von Thrazien.
Sonntags unter einer Linde
tanzt er sicher mit Jorinde.
Schnitzt er sich in eine Buche,
droht die Waldfrau mit dem Fluche.
Piekt er sich an junge Lärchen,
schmollt er: Ach, ihr kleinen Närrchen!
Tränen netzen sein Gesicht:
Ahorn, pfui, du reimst dich nicht!
Königlichste aller Tannen,
als Mastbaum schwimmst du bald von dannen!
Erst die hohe Wodansesche
braust in seinen Kummer Bresche.

Publikum *wie hypnotisiert; mit Schirmen, Stöcken und Bierseideln; im selben Tonfall:*

Grollt er unter Deutschlands Eiche,
ist der Erbfeind eine Leiche.
Weint er unterm Baume Bo,
haha, hehe, hihi, hoho!

Pickelhering *weiter:*

Träumt er abends untere Rüstern,
fühlt er, wie sie ihn umdüstern.
Streckt sich die Chaussee mit Pappeln,
fängt's ihn schließlich an zu rappeln.
Knüpft er sich an eine Weide,
singt er schluchzend noch: Ich scheide!

Alle *wie vorhin:*

Sechs Bretter, fein gefugt aus Fichten,
endlich hört er auf zu dichten!
Schuh- und Versfaiseur Hans Sachs —
Horribiliscribifax!

Das böse Gewissen *unsichtbar:*

Was ist ein Dichter ohne Reim?
Ein toter Tischler ohne Leim.
Schon klingt es mir im Ohre:
Anch' io son pittore!

Autor:

Beut die Muse sich zum Kusse
bloß Herrn Salus und Herrn Busse?
Die Ambrosius und die Ritter,
die Hermine — auch nicht bitter!
Powrer noch als Zink und Zinn
ist die deutsche Dichterin!
Vor der ersten gelben Primel
leiert sie ihr Lenzgeschwiemel.
Lilien, Heliotropen, Rosen
tauchen sie in Duftnarkosen.
Hyazinthen und Azalien
frisst ihr Vers wie Viktualien.

Zwischen Rittersporn und Malven
knallt sie ihre Liedersalven.
In Salbei und Türkenbund
weint sie sich die Äuglein wund.
Hinter ihr mit ernster Miene
runzelt sich die Georgine.
Erst die herbstlich blaue Aster
klebt auf ihre Wunde Pflaster.

Der Herr Mitte dreißig:

Träumt sie nächtens von Melissen,
klammert sie sich um die Kissen.
Zentifolien, Mohn und Nelken,
einsam muss ich hier verwelken.
Tuberosen, Nachtviolen,
und sie wälzt sich, wie auf Kohlen.
Da, auf einem Besenstiel,
naht ein Marschall namens Niel.
Naht sich Bakkios mit dem Eppich,
krümmt sich ihres Leibes Teppich.
Naht sich Gabriel, der Engel,
greift sie nach dem Tulpenstängel.
Küsst das Morgenrot Verbenen,
"sehrt" sie immer noch ihr "Sehnen".
Kaiserkronen und Jasmin,
endlich, endlich hat sie ihn!

Frau Friederike Kempner *strickend*:

Raden, Wegerich und Raps,
ach, er ist ein zweiter Abs.
Hühnerfuß und Hahnenkamm,
endlich nennt man sie Madame.
Durch Kamelien und Kakteen
hat sie ihn zuerst gesehen.
Bienen summten um des Stock,
blaugrün war sein Havelock.
Klang sein Lied ihr "Still im Stillen"
und sie glitt in die Kamillen.

Schämig hauchten die Skabiosen:
kuck, das Kind hat keine Hosen!
Zärtlich seufzte das Reseda:
ach, sie ist so lieb wie Leda!

Pickelhering:

Keusch am Busen blaue Veilchen,
kocht sie ihm jetzt Käsekeilchen.
Meiran, Dill und Krauseminze,
alle Mittwoch bäckt sie Plinze.
Bohnen, Erbsen, Weißkohl, Wruken
stopft sie ihm in alle Luken.
Und welch eigne Poesie
schafft ihm erst ihr Sellerie!

Chor:

Schon fragt sie ein Tausendschönchen:
Wird's ein Töchterchen, ein Söhnchen?
Rosmarin und Amaranth,
schließlich siegt das Wickelband!

Die Alten:

Drum lausch, wies im Winde weht,
der Blumen Blüh'n ist ihr Gebet;
du hörst nur, wie das Herz dir klopft
und wie der Tau von den Rosen tropft.

Der Herr Mitte dreißig:

Hört auf, hört auf mit eurem Reim!
Um alles schmiert ihr ihn wie Schleim.
Verkrüppelt seid ihr und verkrummt.
Metrum verdummt!

Sonderling *aus der Luke der Kathedrale; für die Galerie nicht mehr sichtbar:*

Nur selten komm ich aus dem Haus,
die Welt sieht so japanisch aus.
Die Fichten knarren melancholisch,
die Eulen schreien so symbolisch,
in grauen Strähnen hängt mein Haar.
Alles ist so sonderbar.

O wär ich noch das junge Lumen,
das räkelte sich in die Blumen.
Das war so unverschämt gesund,
das litt noch nicht an Flügelschwund!
Über die Wiese, grasend, ein Schimmel,
mattblau der Septemberhimmel.
Plätschernde Enten in einem Tümpel,
barfüßige Jöhren ein ganzer Hümpel;
seinen rostigen Säbel unterm Arm,
marschiert vorüber der Herr Gendarm.
Fern ein Waldrand, grüne Hecken,
violette Heidestrecken,
von der Sonne beschienen
blühen Lupinen.
Das brauchte kaum noch eine Hand,
wie schlicht sich das zusammenfand!
Heute bin ich eine alte Kruke
und nörgle bloß aus meiner Luke.
Dieser gottverfluchter Kerl,
täglich Neues bringt der Scherl!
Stündlich pfeift aus neuem Loche
die Epoche!
Vom Kongo bis an den Skamander,
das kribbelt, wibbelt durcheinander.
Ohm Krüger und den Prinzen Tuan,
man redet sie schon fast mit Du an.
Häuser baut man aus Asbest,
sie brennen ab, es bleibt kein Rest.
Ein nacktes Südseeweib kreischt Oa,
man trat ihm auf die Federboa.
Wilhelmintje
kriegt e Kindje.
Das Ding an sich durch alle Schalen
beleuchtet man mit Röntgenstrahlen.
Dein Jüngster schon verbricht bei Tische
eine Abhandlung über Knorpelfische;
und nächstens brät die Frau dir Bars,
du selber fingst ihn auf dem Mars.

In Formen, Farben, Tönen, Bildern,
wer soll das fassen, soll das schildern?
Ich tu nicht mehr mit, ich habe genug —
Jung sein heißt dumm sein und alt nicht klug!

Der Herr Mitte dreißig:
Wie dein Herz auch schlägt und schwillt,
Kunst ist Sehnsucht, nie gestillt.
Rätselhaft wie die steinerne Sphinx,
bunt wie die Flügel des Schmetterlings!

Musa musarum:
Versteh die Welt, auf dass sie dich versteht.
Lass alles Zeter schrei'n. Versuchs, Poet!

Autor:
Pinsel, Meißel, Hammer, Stift,
über alles siegt die Schrift.
Idol, vor dem die übrigen verblassen,
die Welt in Worte fassen!

Impresario:
Die Irisflagge der Romantik in zusammenschauernden Seelen aufpflanzen, epidermale Eindrücke in visionäre Ekstasen wandeln, auf den G-Saiten von Herzen mit Paganinibögen geigen!
Alle Chöre sind auf die Kniee gesunken, im Parkett, aus dem es nach Apfelsinen riecht, schnäuzt man sich.

Krause, *Makulaturprofessor:*
Man nennt es Kunst, wenn Dissonanzen
harmonisch mit einander tanzen.
Drum denk ich immer bloß mit Neid
der alten Kummetkragenzeit.
Man ging an Baches Rand
und lächelte und pfiff:
Des Lebens Unverstand
ist Tugend und Begriff!

Piccolo:

Das pafft noch immer Oldenkott,
das balzt noch immer Flöte,
und wie an seinen Liebengott
glaubt das an WOLFGANG GOETHE!

Autor *erschreckt*:

Donnerwetter, halt den Rand,
verflixte kleine Kröte!
Von Kapstadt bis Samarkand,
an jede Mauer, jede Wand,
aus Porphyr, Pappe oder Sand,
geschrieben steh mit Flammenhand:
Gepriesen sei durchs ganze Land,
gepriesen und zwar wutentbrannt,
gepriesen sei der GOETHE!

Apollonius Golgatha *der Brenzlichkeit wegen auf ein anderes Thema springend*:

Über dem schwarzen Schornsteingewimmel
grellgelb blitzt der Abendhimmel.
Wolkenschäfchen zieh'n zur Schur,
o Silhouettenschneiderin Natur!

Die Alten:

Die Sonne sank, ein roter Ball,
weit offen steht die Pforte,
und tief im Busch die Nachtigall
singt Lieder ohne Worte.

Die Jungen:

O Ogottogott, o Gottogott,
so ähnlich klang mal Geibel!
War das ein Trott, ein Hüh und Hott,
pfui Deibel!

Apollonius Golgatha:

Längst liegst du unter Friedhofsblumen,
und dich betrauern die Posthumen.
Des Abends Schwefelrot zerlischt und schreit
Vergänglichkeit!

Platschneese:

Da haa ik ooch ma Eeen jekannt,
mit sone Viehwatstolle.
Keen Oogenblick hielt der n Rand —
nu bejießt n seine Olle!

Chor:

Hoch auf blendend weißer Klippe
dunkelblau ein Pinienwald
und durch seine jähe Wildnis,
blutend, Flöten. War's der Tod?
Fern am fernen Horizont,
dunkel durch die dunkle Flut,
trieb er aufgereckt sein Fahrzeug
mitten in die rote Sonne,
und die Abendwinde blähten
seinen hänfnen Büßermantel
halbrund wie ein Segel auf.
Mitten in die rote Sonne fuhr er,
mitten in die rote Sonne.

Strophe:

Fahl am Himmel ein letztes Rot,
hinter den Wolken lauert der Tod.
Hinter den Wolken lauert und lacht
seine alte Hure, das Scheusal Nacht,
das wird mich bald verschlucken.
Ein Käuzchen schreit Kiwitt, Kiwitt,
mein Herz schlägt mit, schlägt mit, schlägt mit,
meine Pulse fiebern und zucken!

Gegenstrophe:

Finster eine Pappel steht,
durch den sterbenden Abend ihr Rauschen geht,
das klingt so seltsam schaurig.
Der letzte Streif am Himmel schwand,
immer dunkler schweigt das Land,
mein Herz ist traurig, traurig.

Apollonius Golgatha:

Zu solcher Säule ward einst Loth,
so stürzt ein Strom ins ferne Abendrot,
wenn der Sehnsucht Katarakt
jach ihn packt!

Chor der Jungfrauen:

Das ist die Stunde der purpurblauen Fenster unsrer Abende in den erlöschenden Sälen des Herbstes, die voller Rauschen sind. Das ist die Stunde der matten Blumen unsrer Seele!

Chor der Jünglinge:

Das ist die Stunde der schreienden Rabenschwärme, der fern geläuteten Glocken, die Stunde der Verzweiflung!

Impresario:

Schwarze, schwere Gesänge, traurig auf eine Note gestützt!

Apollonius Golgatha:

Ein grauer Strom liegt still und fahl,
darüber starren Weiden,
ein ferner Ruf aus fernem Tal,
gilt er uns Beiden?
Will er uns auf schwarzen Sohlen
zu sich in die Tiefe holen?
Unsrer Brünste
Sünd'ge Künste,
haben wir sie nur geträumt?
Da: ein lodernd Rot dein Antlitz dein Antlitz säumt!
Wie Vipern ringelt sich's durchs Gras,
vier hohle Augen, grün vor Hass,

zehn Krallen, nah schon deiner Kehle,
zum Sprung geduckt der Tiger Mord.
Fort!
Und du gehst. Du gehst und meine Seele
stiert dir nach.
War's mein Herz, mein Herz, das eben brach?
Aus des Westens weißen Wogen,
wie verbogen,
blass und fern,
blinkt ein Stern.
Große, grenzenlose Stille,
stumm verblutend stirbt mein Wille.

Chor der Jungfrauen:
Bald, o bald werden wir zu den Harfen der Nacht gehn, die noch schlafen!
Bald, o bald werden wir zu den grünen Bäumen der Stille gehn, die noch schweigen!

Chor der Jünglinge:
Nach euern Brüsten sehnen wir uns nicht mehr und nicht nach euern Hüften. Aber nach dem Geheimnis eurer Mundwinkel und eurer Augenbrauen.

Chor der Jungfrauen:
Faune, betäubt vom Dufte reiner Lilien!

Alle:
So wollen wir sterben: Sonnengold im Haar und auf den Lippen – ein müdes Lächeln.

Apollonius Golgatha:
Er dreht sich nicht, er wird sich nie mehr wenden,
der Tanz der Mädchen mit den schmalen Lenden!
Schon schwimmt die Wiese blau in Blau,
melodisch tropft der Sternentau.

Johanniswürmchen:

Ich flirre durch die Sommernacht,
ein irrer Silberfunken,
und hab nicht auf die Wege acht,
vom eignen Schimmer trunken.

Katerlieschen:

Aus weißen Nebeln fahl ein Weg,
dran ferne Birken blass verschwimmen;
zitternd tret ich auf den Steg,
dunkel raunt's wie Stimmen.

Ein Männchen:

Ach, ich kleines Rumpelstilzchen,
ganz durchtanzt sind meine Filzchen,
traurig dreh ich meine Kunkel,
riekerunkel, wiekewunkel!
Zwischen Sternen Schwäne schwimmen,
meine Scheitchen kaum noch glimmen,
kiekekunkel, piekepunkel,
meine Worte trinkt das Dunkel!

Dafnis:

Du kohl-pech-schwarzes Loch,
das Herz birst mir für Schrecken;
was wird der Himmel noch
for Schwantz-Gestirne hekken!

Apollonius Golgatha:

Nun schweigt die Nacht, ein schwarzer Saal,
wo ist jetzt vorn, wo ist jetzt hinten?
Nun taucht aus violetten Tinten
der Mond, ein riesiger Opal.

Der Herr Mitte dreißig:

Langsam über den Bergrand steigt
der Mond, der seine Glatze zeigt.
Im Rohr die Dommel
schlägt dumpf die Trommel!

Apollonius Golgatha:

An deine Seele rührt ein Hauch,
zitternd entsandt vom weißen Fliederstrauch;
teils von hinten, teils von vorn
bläst der Mond sein Silberhorn.

Dichter:

Des Mondes Duftlied leuchtet durch die Nacht!
Der Vers ist glücklich zu Papier gebracht.
Wie? oder sag ich lieber diesen Stoffeln:
Der Mond schleicht meuchlings wie auf Filzpantoffeln?

Apollonius Golgatha:

Hoch am Himmel, unbewohnt,
hängt der Mond,
eine rote Feuerlilie,
mitten in die Weltvigilie!
In seinen Seen seh ich baden
auf Pantern rücklings brünstige Mänaden,
um seine Teiche seh ich trauernd blüh'n
schluchzender Weiden melancholisch Silbergrün.
So steh ich da, ein lässiger Titane
gehüllt in meiner Träume Purpurfahne,
und meine Seele fühlt verschwistert
die Sehnsucht, die die Seide knistert!

Ein Mann im Schlafrock, Maske Kunstgreis:

Und so will der Mond mir scheinen
eine Spinne, ganz aus Gold,
die mit eingezognen Beinen
durch den Weltraum rollt.

Regisseur:

Schmakadutzgen, Schilf und Rohr
schwanken um das Unkenmoor.

Apollonius Golgatha:

Lächelnd badet drin die süße
Luna ihre Silberfüße!

Regisseur:

Steil am Wegrand starrt die Pappel,
leise macht sie Tippeltappel,
leise, wo die Frösche quaken,
spannt der Mond sein weißes Laken.

Der Herr Mitte dreißig:

Wo die Nebelfrauen spinnen,
spannt er bloß sein weißes Linnen.
Durch die Nacht hin, weich und mailich,
spreitet er sogar sein Lailich!

Regisseur:

Die Hexe kuckt aus ihrem Haus,
ein ungemaltes Bild von Knaus.
Die Alte winkt und lächelt arg,
der Mond schwimmt wie ein Silbersarg.

Der Herr Mitte dreißig:

Denkst du dir statt Hexe Frau,
ists ein Bild von Gerhard Dow;
zauberst du statt Haus Spelunke,
schwimmt der Halbmond eine Dschunke.

Apollonius Golgatha:

Aus schwarzen Wäldern, die gestorben,
schluchzen heimliche Theorben.
Die Berge violette Träume hauchend,
aus allen Tiefen Mondlichtsilber rauchend!

Der Herr Mitte dreißig:

Aus deinem Hirn ein Riesenurtier krauchend,
dein Denkbrei grünblau in sich selbst verjauchend!

Akademiedirektor:

Hei, das gibt ein Stimmungsbild,
wenn ich nicht Farben schone!
Begeisterung durchrast mich wild —
her mit der Schablone!

Regisseur:
Hoch vom Berg ins Tal hinein
kommt der Quell gegangen
und plaudert, was im Vollmondschein
die Wasserfrauen sangen.

Nixenreigen:
Ellerkonges Töchterlein
muss immerwährend tanzen,
denn an jedem Fingerlein
zappeln ihm drei Schranzen!

Mühlbach:
Leise murmelnd zieh ich hin
zum alten Zauberbühle.
Der Müller und die Müllerin
schlummern in der Mühle.

Autor:
In weißen Wassern baden Frau'n,
nackten Bauches naht ein Faun —
schon erröten sie und lachen
in Erwartung teurer Sachen.

Der Herr Mitte dreißig:
Ihre Bäuche feist in Falten,
rüpeln sich im Tanz die Alten.
Von Blumenketten bunt umschlungen,
strampeln die Jungen.

Autor:
Jedes Ding in meiner Welt
hängt an einem Härchen.
Plastisch wird es hingestellt,
farbig wie ein Märchen.

Romantiker:

Mein Haupt schmückt heimlich eine Krone,
ich weiß, was sein wird und was war;
mich liebt die schöne Magelone,
die Schöne mit dem goldnen Haar!

Phantasie:

Ich komme als Glück, wenn niemand wacht,
die Sterne funkeln und prangen,
auf weißen Füßen durch die Nacht
und halten dich schluchzend umfangen!

Autor:

Tags bin ich ein Kind der Zeit,
rauchend dreh'n sich ihre Achsen;
nachts, in meiner Einsamkeit,
fühl ich, wie die Sterne wachsen.

Disputax:

Mit der Romantik ists vorbei;
verzeih, wenn ich die Nase rümpfe.
Heut bläst kein "Hirt" mehr die "Schalmei",
heut stopfen sich die Kerls bloß Strümpfe.

Refrain:

Grau die Wolke, grau die Welt
und kein Stern, der sie erhellt!
Schlafe, schlafe, schlafe, Kind,
in den Weiden wühlt der Wind.

Phantasus:

Zwei alte Weiden, die gekrümmt wie Drachen
im Vollmondlicht ein Gittertor bewachen.
Aus seinen Eisen recken schwarz verschlungen
zwei große Schlangen ihre goldnen Zungen.
Dahinter, wunderbar in ihrem Schweigen,
Zypressenwälder, die aus Nebeln steigen.
Und durch das Riesentor von ihm geschieden,
steh ich und starr in ihren weißen Frieden...

Der getreue Eckart:

Es saust der Wind, es braust das Rohr,
in die Hölle führt dies Thor;
drüber ludern ihre Leiber
dicke, weiße Rubensweiber!

Regisseur:

Jetzt stirbt der dreißigste April,
jetzt dröhnt die Uhr zwölf Schläge;
am Kreuzweg hockt Frau Ilsebill
und schnarcht wie eine Säge.

Der Herr Mitte dreißig:

Ein alter Tannenwald steht schwarz,
der Mond gießt seinen Silberquarz.
Grässlich schnarcht der Melibokus,
Hokuspokus!

Apollonius Golgatha:

Nun taucht die Mitternacht aus ihrem Teich,
schwarz, schwer, verhängnisvoll und schreckensreich.
Die Sterne zittern, und du fühlst sie kommen,
durch Riesenfarren ein Reptil geschwommen!

Regisseur:

Grau am Weiher hockt die Nacht,
wie ihr das Vergnügen macht!
Sie schüttelt wild ihr schwarzes Haar,
rau ruft im Sturm ein Rabenpaar!

Der Herr Mitte dreißig:

Die Wolken dräuen und grollen,
geballt aus Schwefel und Schnee,
weißblitzende Kämme rollen
phantastisch über den See!

Apollonius Golgatha:

Auf blauen Wassern grün ein Schein,
ein Blitz streckt sein Flamingobein!

Der Herr Mitte dreißig:

Mein Herz schlägt laut und lacht,
nun tobt die Wolkenschlacht:
Bathseba in höchster Not,
Perseus schlägt den Lindwurm tot,
Andromeda von ihm erlöst,
ein Schwertfisch, der den Mond durchstößt.
Langsam, langsam taucht eine Krake
aus irisierender Heringslake!

Apollonius Golgatha:

Auch das, auch das ist Poesie!
In solchen Nächten ahnt sich das Genie.
Mein Hirn, ein Sternenkrater, speit:
Ich und die Ewigkeit!

Der Herr Mitte dreißig:

He, Wächter! Schutzmann! Polizei!
Da soll man sich nun nicht erboßen
und solchem Lümmel eins, zwei, drei
die Klinge in den Wurschtbauch stoßen!

Der Mann im Schlafrock, Maske Kunstgreis:

Heimlich steh ich auf der Wacht
und mache meine Glossen;
wieder hat Walpurgisnacht
die Geisterwelt erschlossen.

Der Herr Mitte dreißig:

Modern, dass alles nur so kracht,
modern sei die Parole,
modern sei die Walpurgisnacht
vom Scheitel bis zur Sohle!

Puck:

Ich fuhr ins Elfenreich hinaus
zu unsern lieben Kleinen.
Sie waren alle hübsch zu Haus
und werden gleich erscheinen.

Waldgeister:

An den Baum und an den Busch
hat es sacht getippelt,
und wir kommen husch, husch, husch
flink heran getrippelt!

Kropzeug:
Durch die Heide, durch den Wald
kommen wir gelaufen.
Fünf Minuten Aufen[t]halt,
wir wollen uns verschnaufen.

Regisseur:
Dort treten aus dem Waldbereich
Zwei Deutsche und ein Eichenzweig.
Des Vollmonds goldne Tinten
beleuchten sie von hinten.

Chor:
Um den Bauch den Heil'genschein
naht der Hungerpaster.
Wir lassen ihn zu uns nicht ein,
er raucht zu schlechten Knaster.

Subjekt mit Zipfelmütze:
Gott sei Dank, man ist ihn gewohnt.
Ich bin der deutsche Michel;
über dem Städtchen hängt der Mond,
eine silberne Sichel.

Der Herr Mitte dreißig:
Er braucht ein Minimum an Seife
und kann gewöhnlich nichts dafür;
mit Regenschirm und langer Pfeife
sitzt er im Mondschein vor der Thür.
Lasst alles um ihn rundrum purzeln,
ihn packt's an keiner seiner Wurzeln;
dagegen greift ihn sicher an
ein Bergrutsch in Belutschistan.

Zweites Subjekt mit Zipfelmütze:
Wer trumpft da auf so frech und frank?
Tobt hier die rote Rotte?
Noch gibt's in Deutschland, Gott sei Dank,
Zuchthäuser und Schafotte!

Alle:

Fehlt der dritte Mann zum Scat?
Kommt ihr ihn hier borgen?
Den Kantschu her aus Stacheldraht!
Euch wollen wirs besorgen!

Beide:

Gott Vater, Sohn und heiliger Geist,
hilf uns doch entrinnen,
das kribbelt, krabbelt, klemmt und beißt,
hunderttausend Spinnen!

Autor:

Platz, verehrte spiriti,
stille das Geflüster!
Seht, da kommt die Kompanie
der Kuckuck und sein Küster.

Regisseur:

Traumtrunken, fernher kräht ein Hahn,
blast ihr Musikanten!
Dort kommt Meister Urian
mit Großmama und Tanten.

Samiel:

Ich jage, bis der Morgen graut,
quer über den Parnass als wilder Jäger;
schon ducken ängstlich sich ins Kraut
die Lyra- und die Lautenschläger.

Chor:

Unaufhaltsam vor und vorn,
wie die blinden Hessen!
Gras und Kraut und Klee und Korn,
alles wird gefressen!

Regisseur:

Kobold hockt am Aschenherd,
lauscht dem Ruf der Grüfte,
die Feuerzange wird zum Pferd
und trägt ihn durch die Lüfte.

Der Herr Mitte dreißig:

Sophokles, Shakespeare und Li-tai-pe
galoppieren zu dritt auf einem Bidet.
Hafis, noch immer der alte Zecher,
reitet auf einem Champagnerbrecher.
Über ein Flügelschwein baumeln sechs Beine:
Boccaccio, Voltaire und Heinrich Heine.
Gottsched, vor dem ich mich übrigens bücke,
kommt ankutschiert in seiner Perrücke.
Goethe, verfolgt von einem Geist —
der totgenörgelte Heinrich von Kleist.
Hinter ihm Schiller, der edle Würger,
die Faust um die Gurgel von August Bürger.
Gluck mit gänzlich kahlem Kopf
klammert sich um seinen Zopf.
Paderewski mit fliegender Polkatolle
balanciert auf einer Notenrolle.
Auf einem Riesenpinsel Goya,
aus seinem Hirn der Brand von Troja.
Auf einem sich bäumenden Leoparden
Lassalle mit Maximilian Harden.
Rechts, auf einem schwarzen Schwan,
Timur der Mongolenkhan.
Links auf einem weißen Lama
Vasco de Gama.
Auf einem feurigen Rappen
blendend ein Weib!
keinen schändenden Lappen
um ihren Leib!
Semiramis probiert ihre Knute
auf das Hintergestell ihrer Drachenstute!

Apollonius Golgatha:

Himmel, hilf! Wo war ich?
Eines Weibes Duft!
Jach aus Träumen fahr ich
in die graue Luft!
Ihre Brüste
Amethyste,
drum das Mondlicht unverlangt
marmorn seine Lilien rankt!
Sie schimmern wie ovale
Opale!

Regisseur:

Dort wandelt, die ihr alle kennt,
die Jungfrau mit der Lilie:
sie schielt dem Faun aufs Instrument
und sehnt sich nach Familie.

Pickelhering:

Auf dem Haupte die Tiara
Mudrarakschara.
Sieh, schon tanzen nach seiner Pfeife
goldblaue Greife!

Publikum:

Mein Gott, ist das ein Rendezvous,
halb Pasewalk, halb Theben;
Fürst Pückler und am Strom das Gnu,
von Allem bleibt was kleben!
Schließlich meldet noch das Schwein
Prinz Schlackwurscht und Jraf Jänseklein!

Apollonius Golgatha:

Sterne, die heimlich sich paaren,
über den Wäldern ihr Glanz,
Mädchen in mondroten Haaren
üben den nächtlichen Tanz!

Maitre de plaisir:

Quellenfräulein, Grubenzwerg
und Feuersalamander,
schert euch auf den Galgenberg,
tanzt dorten mit einander!

Kulissenschieber:

Kuck, dort flinkert kreuz und krumm
Irrlicht, das nervöse,
und mischt sich unters Publikum
als erste Balletteuse.

Regisseur:

Coeur Aß, damit Ihr's alle wisst,
sticht heute alle Trümpfe.
Ein dünnes Hemdchen aus Batist
und rosaseidne Strümpfe!

Huckepuck:

Huckepuck ist Platzmajor.
Er zählt zu den Galanten
und zieht die fremden Damen vor
den männlichen Verwandten.

Papageno:

Das kleine Hexchen tat so fremd,
dann löste sie das Mieder
und streifte die Schuh ab, den Rock, das Hemd
und dehnte die seidenen Glieder.

Apollonius Golgatha:

Ihrer Seidenglieder Glänzen
ausgestreut in trunknen Tänzen!
Auf ihrem rosenroten Rund
brennt mein Mund!

Don Juan Tenorio:

Mit nackten Brüsten über mir,
Himmel, welche Wade!
Schrei ich, brüll ich, beiß ich hier?
Oder ruf ich Gnade!

Stimme von unten:

Gerne wär auch ich dabei,
doch wer kommt mir zu Hilfe?
Ach, ich liege schwer wie Blei
mitten in dem Schilfe!

Die Stimme vom Schnürboden:

Lasst mich aus den Donnerkrallen,
Lasst mich zwischen die Eichen fallen!

Chor:

Bautz, da plautzt ein neuer Wicht
in unsre Maskeraden,
mit frisch geweißtem Angesicht
und nagelneuen Waden!

Regisseur:

Der nackte Mond verfiel in Traum,
er fiel durch den Machandelbaum;
schon drückt er wie der Hindukusch
die Heilige im Myrtenbusch.

Apollonius Golgatha:

Und sie tat, als ob sie schliefe!
Kniend über sie geschoben,
hat er ihr aus grüner Tiefe
einen schönen Stern gehoben.

Pickelhering:

Kniend über sie gekrochen,
nahm er sie in seine Knochen;
hat kein Wort dabei gesprochen,
verschwand wie auf dem Eise durchgebrochen.

Apollonius Golgatha:

Denk dir Diana, die auf weißen Schenkeln,
die Brüste flatternd, durch die Wälder rast,
wie du auf Vasen sie mit erznen Henkeln
aus Gold getrieben oft in Purpur sahst —
so lag sie da, die Nacht, *die Poesie*:
in seinen Armen schlief ihr seidnes Knie!
Sieben silbergrüne Schlangen
dienten ihr als Gürtelspangen;
um ihre Schultern rann, um ihren Schoß
der kühle Silberton Tiepolos.
Auf ihren Wimpern schlief, auf ihren Brauen
das müde Lächeln lustgeküsster Frauen;
aus ihren Augen troff, aus ihren Händen
die Süßigkeit vergessenen Legenden.
Die Sterne sprühten lautlos ihren Reigen
und sie genossen sich in keuschem Schweigen.

Mardochai, *der letzte der kleinen Propheten; der Mann mit der Stimme vom Schnürboden:*

Andre wiegen sich im Tanz;
lieben, trinken, scherzen, lachen,
treiben lauter tolle Sachen,
winden sich zum Kranz.
Ich? sehe zu,
ein Marabu.
Tief verzückt in meinem Glanz!
Unverrückbar, fest und ganz,
wie das Vorgebirge Athos,
steht mein Pathos.

Regisseur:

Verzeiht, ihr Herrn, er redet Stuss.
Doch kommt er, wie gerufen.
Von Leder ist sein Pegasus,
mit blechbeschlagnen Hufen!

Mardochai:
Wer steht dort drüben rot beleuchtet an der Kalkwand?
Sein planetarischer Glanz
fordert mich zum Tanz.
Durch Weltgedonner und Sterngestiebe,
ich grüße dich in beschatteter Liebe!

Apollonius Golgatha:
Unter dem Krondach einer ungeheuren Palme
singen wir an demselben Psalme.
In einem roten Schaukelstuhl ins Meer geschoben,
sitzen wir auf unsern Hemigloben!

Beide:
Eine schwere Woge schlägt uns aufs Gehirn,
sie dreht uns um, wir stehen auf der Stirn.

Mardochai:
Mir zum Fluch
stehe ich nun in diesem Buch.
Könnt ich's heimlich in die Tiefe fallen lassen!
Doch es würde nirgends Halt fassen,
geriete in den grässlichsten Fall
und es entstünde der fürchterlichste Knall.
Ich muss ein Wesen mir erdenken,
dem ich's kann schenken.

Der Herr Mitte dreißig:
Das malträtiert, beschmiert mit Ethik,
die Blechposaune der Pathetik.
Schon blinkt, mit jedem Vers bewusster,
sein Hirn mir wie ein Zwiebelmuster!

Einer im Parkett:
Was? auch den bepisst der Strolch?
Das wird ja immer besser.
So stößt kein Damaszenerdolch,
so bohrt ein Käsemesser!

Der Herr Mitte dreißig:

Ein Käsemesser, lieber Sohn,
ist gar nicht zu verachten;
in mancher Hand genügt es schon,
um Götter abzuschlachten.

Apollonius Golgatha:

Nimm die Vergänglichkeit; sie ist
ein schwarzes Tier, das Sterne frisst.
Längst liegen sie im grünen Rasen,
die Ewigen mit abgeschlagnen Nasen!

Schinderhannes, *Revolutionär der Lyrik*:

Auf Katzenpfoten schleicht die Nacht,
schon manchen hab ich umgebracht.
Und wenn der Jüngling schrie —
Que veux-tu? C'est la vie!

Stadtsoldat:

Endlich habe ich dich doch!
Verfluchter Teufelsbraten!
Vierundzwanzig, marsch ins Loch!
Bomben und Granaten!

Apollonius Golgatha:

Und so berühr ich dich mit diesem Stabe,
zu feierlichem Amt geweihter Knabe.
Durch alle Himmel wird dein Ruhm nun schreiten,
ums Haupt den stolzen Kranz der Möglichkeiten!

Chor *plötzlich, erschreckt*:

Still mal! Wer ist jener dort,
der aus dunkler Magierbinde
um sich blickt wie auf Gesinde?
Schaudernd schleichen wir uns fort.

Erste Stimme:

Er kennt die Schlangen und er kennt den Drachen,
die sich am Weg der Liebe bewachen;
er sucht nach üppigem Geruch
in Schuhen blau aus Segeltuch!

Zweite Stimme:

Neben ihm die braune Frau,
fast so groß, nicht ganz genau.
Myrrhenruch und Mandelduft
haucht sie in die schwüle Luft.

Dritte Stimme:

Weiß verschleiert Haar und Wange,
um die Stirn die Isisspange —
wie sie sich die Brüste presst,
starr gewickelt in Asbest!

Der Herr Mitte dreißig:

Hilf, Himmel, Zacherlin!
Das sind ja die "Zwei Menschen!"
Der eine aus Ruppin,
die andre mehr aus Bentschen!

Regisseur:

Zwei Menschen stehn auf vier Sandalen
und staunen in acht Nordlichtstrahlen.
In bunten Zacken schießt das Licht,
die Stimme eines Mannes spricht.

Lukas:

Ich bin arm wie Ali Baba,
du die Königin von Saba;
als Lohnknecht bin ich dir genaht,
Fürstin, dein Pelz ist von Silberbrokat!
Auf einem Goldstuhl sitzt du nachts im Dunkeln —
was buhlst du mit Topasen und Karfunkeln?

Der Herr Mitte dreißig:

Auf der lyrischen Oase
wiegt als Palmbaum sich die Phrase.
Sucht noch immer deine Seele
den Ring mit dem erblindeten Juwele?

Regisseur:

Er schweigt. Der Horizont gähnt Strahlen,
es ist nicht nötig, sie zu malen;
zwei Menschen sehn sich ins Gesicht,
die Stimme eines Weibes spricht:

Lea:

O Lux, was bist du für ein Schaf,
du dichtest wieder wie im Schlaf.
Du hast sehr himmelblaue Schuhe,
du kommst wohl aus einer Wolkentruhe?

Der Herr Mitte dreißig:

Was, auch die will Verse machen?
Kümmre dich um andre Sachen!
Greif zu Nadel und zu Zwirn,
Mädchen mit dem Hühnerhirn!

Pickelhering:

Ich bitte dich, wo denkst du hin —
du irrst dich, liebes Leachin!
Er kommt aus keinem Pott voll Schmer,
aus dem Mustopp kommt er her!

Regisseur:

Sie schweigt. Vier Takte währt die Pause,
Dann geht's ans *neue* Wortgebrause.
Wolken wühlen um den Mond,
ein Mann entgegnet sehr betont.

Lukas:

Lea, du sollst dich nit verstecken!
Ich seh an deinem tiefen Schrecken,
ich seh es ganz und seh's entzückt,
wie dich ein leerer Raum bedrückt.

Platschneese *gutmütig, langt in die Ewigkeit und zieht eine Gilkapulle raus; trinkt erst und reicht sie dann Lukas*:

Da! hier haste wat für'n Durscht.
Mensch, mach keene Zungenwurscht!
Hat die Pauke auch ein Loch,
bumms, wir amüsier'n uns doch!

Regisseur:

Zwei Brüste haben Schönheitsflecken,
ein Mann vergaß sie zu entdecken.
Ein Weib fühlt sich beinah durchspalten,
er sagt verhalten!

Lea:

Bei deinem alten Heidengott Perkuhn,
laut lacht mein Herz, dass es nicht weine,
du gehst in meinen, ich in deinen Schuh'n,
da meine Hand, groß wie die deine!

Platschneese:

Jott, riskiert det Mensch ne Lippe!
Zieht ihn an die Quasselstrippe.
Immer noch ne Nummer —
det macht Kummer!

Der Herr Mitte dreißig:

Am winterlich durchnässten Zaune
naht ein Weib sich einem Faune,
damit im glitzernden Gehölze
sein Schwarzes in ihr Weißes schölze.

Lukas:

Vieles kann ich zwar vertragen,
doch dies eine muss ich sagen:
Zeige dich nicht nackt vor mir,
denn du bist ein Säugetier.

Der Herr Mitte dreißig:

Dies Gehabe! Dies Getu!
Drückt ihn schon wieder sein blauer Schuh?
Ihr Haupt ist ganz von Glanz umgossen,
er kneipt sie in die Sommersprossen.

Publikum:

Magier, Magier, werd freier,
lüfte ihr den Gäaschleier;
schon brennt ihr Blut, ihr braust vor Hitze —
Du, heb mal deine Kinnbartspitze!

Regisseur:

Ein Weib spricht wie aus weiter Ferne:
Ein dritter trinkt jetzt Haut-Sauternes!
Soll ich mit Augen der Schlange mein Nest behüten?
Soll ich den Drachen bitten, es zu bebrüten?
Ein Mann spricht mit gestrafftem Leib:
Im Dunst schläft jetzt mein Eheweib!
Du sollst dein Nest nicht länger behüten,
bitte den Drachen, es zu bebrüten!
Zwei Menschen stehn sich ziemlich nah,
ein Mann mahnt: Du — ein Weib haucht: ja!

Publikum *entzückt*:

Seine Radfahrjacke von graugrünem Loden,
ihr Goldbrokatschuh schleift am Boden;
er packt sie lechzend um die Rippen,
zwei dunkle Lebensbäume schwippen.

Der Herr Mitte dreißig:

O Lea! Lukas! Traumprinz! Lux!
Zwei Menschen machen wieder Jux.
Zwei Menschen werfen einen Schatten,
zwei Menschen fühlen sich als Gatten.

Puffschnute:

Zwei Knaben ritten Hottehü,
von einem sah man nur das Küh,
der andre mit's Jesichte
machte druf Jedichte!

Chor:

Weg, du Epopö in Stanzen,
abgestanden schmeckt dein Bräu.
Heil, Roman dir in Romanzen,
du bist funkelnagelneu!

Schielewippe:

Wat? Roman un denn Romanzen?
So'n Jeschmatze und Jeschmuß!
Danach konnte man ja danzen,
schon als Karl durcht Posthorn bluhs!

Chor:

Ausgeseufzt hat die Romanze,
die Ballade hat gebumst.
Ach, die schöne Pomeranze
ist ins Wasserloch geplumpst!
Doch das "Herz" kann's nicht "verwinden",
süße "Tränen" sind "erglommen";
und das alte Waschweib kann nun
nie damit zu Ende kommen!

Der Herr Mitte dreißig:

Das plustert sich und macht sich breit,
mit Harfen aus der Tombakzeit.
Aus dem Schwulst, aus dem Schwalm
immer nur den einen Salm:
Ich bin begierig deines Specks,
suprema lex!

Autor:

Mein Kasten quäkt bald Rubinstein,
bald Guido von Arezzo;
hier schnappt ein andrer Haken ein,
nun kommt ein Intermezzo.

Regisseur:

Dies Ding spielt sich wie Blindekuh,
ein Drama, das nicht handelt,
die Szenerie, in einem Nu,
bumms, ist sie verwandelt!

Apollonius Golgatha:

Die Nacht verblich, die goldne Flügel bläht
der Hahn, der purpurn durch die Frühe kräht,
die blassen Nebel schimmern wie aus Seide.
Schon glänzt durch Blumen, Laub und Gras
der See wie grüngeschmolz'nes Glas,
bunt liegt die Welt, ein blitzendes Geschmeide.

Bergsee:

Ich zittre wie ein Herz, das klopft.
Mir träumt von alten schönen Zeiten;
das Frührot, das von den Tannen tropft,
lässt seine Lichter über mich gleiten.

Chor:

Inder, Griechen, Römer, Kelten,
Urbreinebel, Würmer, Welten,
doch mit jeder neuen Sonne
neues Weh und neue Wonne!

Der Herr Mitte dreißig:

Im Sonnenschein, vom Wind umweht,
mit blanken Blättern ein Birnbaum steht;
und unter ihm, ins Gras das Gesicht,
liegt Einer und rüppelt und rührt sich nicht.
Bunt von Blumen blüht rings der Rasen,
fern am Waldrand Kühe grasen,
und wie ein Märchen von Papa Tiek,
hängt der ganze Himmel voll Lerchenmusik.
Hä? Und du? Willst hier liegen und maulen,
dich mal wieder so recht an dir selbst vergraulen?
Unsinn! Dummheit! Rum auf den Rücken!
Ist nicht die Welt heut zum Entzücken?
Schlägt nicht der See in blauen Wellen,
zittert das Schilf nicht voller Libellen?
Esel! Und schon halb in Ekstase,
schnaub ich mir erstlich mal die Nase.
Das erleichtert. Ach, Gott, ja!
Grad wie so'n alter Taperpapa!

Sonst vielleicht noch etwas genehm?
Und ich mach es mir wieder bequem.
So. Und nun, du alter Krakeeler,
wenn ich dich bitten darf, etwas fideler!

Apollonius Golgatha:

Am Erlenbache treibt er hold sein Wesen,
nun ist sein Herz von jedem Zweck genesen,
entfernte Dommeln rufen übers Ried,
der Himmel singt sein schönstes Farbenlied!

Der Herr Mitte dreißig:

Endlich allein! Endlich allein!
Fliegensummen und Sonnenschein.
Schimmernd den Weg hin steht das Gras,
zart und zierlich, zitterndes Glas.
Zwischen Butterblumen und Ranunkeln
die unglaublichsten Blumen funkeln!
Und über die niedlichen Dingerchen brummeln
große Hummeln, große Hummeln!

Apollonius Golgatha:

Auf neue Lieder sinnt der alte Pan,
die schwarzen Flügel spannt sein Purpurschwan,
schon hört man's achtlos und kristallen
wie Träume tropfend aus der Flöte fallen.
Die Sonne flimmert und der Sommer flirrt,
zum Weidenweiher winkt dem Faun die Nymphe,
der Mittag, blau gewandet wie ein Hirt,
sitzt unterm Apfelbaume und strickt Strümpfe.

Der Herr Mitte dreißig:

Ich schlage die Leier, wo bleibt Apoll?
Uralter Weisheit fühl ich mich voll.
Um mich, auf marmornen Stümpfen,
harfen schon die neuen Nymphen.
Wie Sterne, wandelnd ihren Lauf,
uralte Rhythmen steigen auf.
Ich bin der Herrgott, du die Welt —
dein Bauch ist wie ein Weizenfeld!

Apollonius Golgatha:
Dein Bauch ein Spiegel aus Metall!
An deinen Brüsten hängt das All!

Pickelhering:
Und wär sein Reim drauf "gilb und gilber" —
sein Bauch auf Beinen wie aus Silber!

Der Herr Mitte dreißig:
Hohes, junges, lichtes Gras,
zwei nackte Brüste, elfenbeinblass,
und drüber der blaue Himmel.
So lob ich mir unsre liebe Frau,
da liegt sie mitten auf grüner Au,
dort frisst sie kein Rost und kein Schimmel.

Flördeliese:
Nackt vom Wirbel bis zum Zeh,
lieg ich hier im Blütenschnee.
Kuck, ich bin so süß und klein,
wie gedreht aus Elfenbein!
Diese Schultern, diese Waden
sind das Entzücken seiner Gnaden;
diese Hüften, junge Frau,
kennt der Ruppsack ganz genau.
Ists nicht zum Lachen? Der Schlingel, der Dieb!
Ach, ich hab ihn so lieb!
Über seinen Goldhelm, husch,
wölbt sich ein riesiger Flederbusch.
Er ist ein Kerl wie eine Eiche
und erbt mal sieben Königreiche.
Sein bloßer Säbel, der niemals rostet,
hat hunderttausend Dukaten gekostet.
Und lässt er sich lachend mal wo sehn,
alle Jungfern nach ihm ihre Köpfe dreh'n.
Alle Türen gehn auf, alle Fenster stehn offen,
die ältesten Schachteln kommen geloffen.
Die Röcke flattern, die Schürzen fliegen,
alle Weiber lassen ihre Kochlöffel liegen.

Nu, denkt er, wenn euch das Spaß macht? Mir kann's nischt schaden!
Geht in den nächsten Konditorladen,
zieht dort einfach sein Portemonnaie
und kauft mir für tausend Mark Praliné!
Perlen hab ich und Diamanten
schon genug von meinen Tanten.
Die eine, eine Geborene von Meier,
hat welche so groß wie Taubeneier.
Ich bitte, was soll ich mit Rubinen?
Ich esse lieber Traubrosinen!
Steh ich lachend vor meinem Spiegel,
hat meine Thür kein Schloss, hat meine Thür keinen Riegel.
Ach, 's ist zum Lachen! Der Schlingel, der Dieb!
Ich hab ihn so lieb!

Der Herr Mitte dreißig *aus seiner Rocktasche drei goldne Bälle ziehend und diese abwechselnd in die Luft werfend*:
Unter Blumen auf der Wiese,
ei, wie schlägt mein Herz den Takt,
unter Blumen auf der Wiese
liegt die schöne Flördeliese,
auf der Wiese,
splitternackt.
Über den Bachrand zwischen den Weiden
hängen die abgestreiften Seiden
und, wie ein Veilchen, aus ihrem Haar
blinkt hier ein blaues Pantöffelchen gar.
Scheint die Sonne, weht der Wind,
lauter Dummheit träumt das Kind:
"Gott, wo ist er nur geblieben,
Gummibusen Nummro Sieben?
Seh ich wirklich? seh ich recht?
Alles echt!
Diese Schultern, zart und rund,
liebt der Prinz von Trapezunt;
diese Arme, weiß und fein,
sind aus purstem Elfenbein.
Merkt er drunter die beiden Mäuschen,
Gleich ist der Schlingel wie aus dem Häuschen;

stupst mich, packt mich, kriegt mich her,
als ob ich aus lauter Gusseisen wär.
Darf mich wirklich kaum noch recken,
muss die Kleinchen ganz verstecken,
wenn ich abends vorm Spiegel steh,
oder mein Haar zum Knoten dreh.
Willst du wohl? Wirst du? Nicht so dicht ran!
Und ich wehr mich, so gut ich kann.
Na? Wird's nu? Nicht doch? Ich beiß sonst zu!
Siehst du, du oller Ruppsack du?
Doch das Entzückendste für mein Schätzchen
ist dieses Kätzchen!
Ach, mein ganzes Herz geht auf,
scheint die liebe Sonne drauf!
Kuck, was hat bloß das Gesellchen
für ein süßes blondes Fellchen,
ohne Höschen, ohne Röckchen,
nein, wie lieb sind seine Löckchen,
eins, zwei, drei, vier, fünf, sechs, sieben,
wie sie zierlich sich verschieben,
flimmernde, goldigste Dingelchen,
lauter kleine Kringelchen!
Lass ich Dummchen sie mal sehn,
Gott, das kann ja mal geschehn,
bloß, ich schäm mich, es zu sagen,
geht's mir gleich an Kopf und Kragen,
huh, der Tollpatsch, huh, der Bär,
hilft kein Schrein, kein Zappeln mehr!
Und wie verliebt ist erst das Bübchen
in dieses Grübchen...
Ach, er ist so ein herziger Bengel!
Ich bin sein Pläsierfisch, ich bin sein Engel.
Ich bin sein Goldkäferchen, sein grüner Schuh,
sein kleines Täubchen Turlutu.
Über meine Brust kein Äderchen rennt,
das er nicht hundertmal, tausendmal kennt,
das kleinste Härchen auf meinem Leib
ist ihm der himmlischste Zeitvertreib.
Gestern hat er wie verrückt
mir einen Kuss aufs Knie gedrückt,

warf sich dann über mich zwischen die Kissen,
Himmel, Hilfe, und hat mich gebissen!
Stöhnend wand ich mich — o du Mann —
durch mein Blut ein Feuer rann.
Über diese runden, runden Dinger
zitterten selig seine Finger,
über diesen weißen, weißen Samt
haben seine stammelnden Lippen geflammt.
Ich war so erschreckt, ich war so froh,
seine langen, blonden Schnurrbarthaare kitzelten so.
Jubelnd spürt ich seine Zunge,
Junge!!
Nein. Was doch so ein Tollkopf nicht Alles macht!
Herr, Gott, hab ich dann gelacht!
Ob ich ihm böse war? Hm, ja Kuchen.
So ein Mädel kann er suchen.
So ein Mädel, so wie mich,
so ein Mädel find't er nich!
Wiegt mich erst in den Armen wer,
kennt mein Herz kein Erbarmen mehr.
Um den Zitternden, um den Bangen
ringelt es selig seine Schlangen,
ringt ihn sich, zwingt ihn sich in den Schoß,
zittert und zuckt und lässt nicht mehr los,
und nicht eher bin ich besiegt,
als bis er tot und auf mir liegt.
Dort der Himmel, hier das Moos,
ach, ich wollt, ich hätt' ihn bloß!"
Scheint die Sonne, weht der Wind,
lauter Dummheit träumt das Kind.
Drückt die Augen zu, kichert, wenn er das wüsste,
und bewirft sich mit Schlüsselblumen die Brüste:
"Ohne Hemd und ohne Strümpfe,
ei, wie schlägt mein Herz den Takt,
ohne Hemd und ohne Strümpfe,
bin ich nicht die schönste Nymphe,
ohne Strümpfe,
splitternackt?"

Englische Gouvernante *schockiert*:

Abälard und Heloise
liebten sich auf keiner Wiese;
alles, was der Herr hier nennt,
find ich äußerst indezent!

Autor:

Ich komm dir gleich mit meinem Besen!
Die Jungfrau soll den Heyse lesen!

Dafnis, empört:

Das Küssen auf den Mund, das Spielen auf den Wangen,
die Kurzweil auf der Brust, das Kneipen mit den langen,
besüßten Zucker-Zangen,
die ihr als Arme prangen,
darf man doch wohl verlangen!

Die Grünen:

Wer weise, wählt nicht Wolle bloß,
nein, auch im andern sei er groß!
Denn es ist Faktum, dass Nationen
und Individuen versiegen,
wenn die geschlechtlichen Funktionen
darniederliegen!

Impresario:

Die Wellenlinie der Schönheit, objektiviert in der Gestalt des Weibes. Alkohol bist du uns, Sulfunal, Morphium, Chloralhydrat, Datura stramonium, Mohnabsud der Seele!

Der Herr Mitte dreißig *die Bälle wieder eingesteckt*:

Zuerst, ist man ein grüner Bengel,
sind Weiber selbstverständlich Engel.
Dann, fatalistisch wie ein Fellah,
nennt man das Weib meist Satanella.
Und schließlich wird es mit den Jahren
ein weißes Tier, behaart mit Haaren.

Pickelhering:

Herr Assessor Müller, Fräulein Kloth,
der Mensch wird vorgestellt und rot.
Dann weiße Handschuh, Chapeauclaque,
neu aufgebügelt glänzt der Frack.
Und ist die Sache so weit gedieh'n,
dann kommt die Tante aus Polzin;
bringt von Großmutter einen Gruß,
eine Klistierspritze macht den Beschluss.

Der Herr Mitte dreißig:

In der Jungfrau zarten Formen
ahnt der Jüngling seine Normen.
Mit lionardisch lächelnder Lippe
knüpft sie ihn an ihre Strippe.
Von weichen Armen fühlt er sich umfangen –
o, sieh mein röchelndes Verlangen!

Apollonius Golgatha:

Mein Herz schlug lauter und mein Auge sah
die nackte Schönheit einer Helena,
die sich vor Gott und Teufel nicht geniert
und mit Champagnerdunst ihr Hirn möbliert.

Der Herr Mitte dreißig:

Durch ihrer Augen fahle Leere
seh ich irisfarbne Meere,
entrockt und ohne Krinoline
das Weib als Amüsiermaschine!
Wie die Sünde hässlich, sagt ihr und wisst,
dass die Sünde schön wie Bathseba ist!
Um eins nur tut's mir höchstens weh:
um meine Nerven und mein Portemonnaie.

Chor:

Das irdisch Weibliche
ist unser Grab.
Das ewig Leibliche
zieht uns hinab!

Chor der Jungfrauen:

Sieben Monde sehen mystisch in unsre Kammer! Sieben Monde! Sie weben Schleier, die erhabne Gärten auf unsre Linnen sticken, auf unsre weißen Linnen! Sieben Monde sehen mystisch in unsre Kammer!

Chor der Jünglinge:

Sieben Absinthe, feierlich aufgereiht, wie zu Tänzen an einer Gebetschnur! Sieben Absinthe! Erhabne Schnäpse voll kaiserlicher Trauer mit purpurnen Dämpfen, welche kirchlich flattern! Sieben Absinthe!

Chor der Pilger:

Wer nie mit ihr allein soupiert,
wer nie die langen Nächte
auf ihrem Bett sich abstrapziert,
der kennt euch nicht, ihr himmlischen Mächte!
Ihr stoßt ins Leben sie hinein
und führt die Unschuld ins Orpheum,
und fällt der Junge schließlich rein,
dann singt der Dalles sein Tedeum!

Impresario:

Aber siehe: sie haben lächeln gelernt. Und sie lächeln, wie Jünglinge lächeln, welche wissend geworden sind. Die eine zersprungene Seele haben und deren Stirn nicht mehr glatt ist. Unsere liebe Frau mit den sieben Schwertern, Notre Dame des Tristesse!

Der Herr Mitte dreißig:

Drum, mag auch dreist vor meinem Lachen
die Welt aus ihren Fugen krachen,
hol mich der Henker, mich packt die Galle:
hemd- und herzlos sind sie alle!

Chor:

Der Wahn ist lang, die Reue kurz,
nicht länger als ein Kinderschurz.

Apollonius Golgatha:

Nicht mit Rosen
noch mit Myrthen
mag ich kosen
wie die Hirten.
Mir vom Söller
krachen Böller
und zu höchst auf meinem Turm
weht ein Wurm:
eine flammende Standarte,
dir, Astarte!
In dein süßes, weißes Leder
krallt sich jeder.
Blutig zucken meine Hände,
nah ich brünstig deiner Lende,
röchelnd vor Gier,
die Zähne stier.
Schlag mir stöhnend deine Pranken
in die Flanken.
Heil mir, heil, du bist mir nah,
Venus Aphrodisiaka!

Publikum:

Ein Herold! Ein Trompetenstoß!
Ein neues Intermezzo! Los!

Regisseur:

Entblüht den Träumen einer frevlen Nacht,
ist hier ein kleines Kuckloch angebracht.
Das langt, sobald ich es dir richte,
quer durch die ganze Weltgeschichte.

Autor:

Paradiese sind in mir,
phantastisch grün besonnte,
ein Meer aus lauter Malvasier
blitzt auf am Horizonte!

Regisseur:

Aus blauem Meer siehst du sich dehnen
die grüne Insel der Sirenen.
Drüber stäubt aus ihrem Pinsel
die Sonne warm ihr Goldgerinsel.
Trauben wachsen hier ins Maul,
sie zu essen ist man zu faul.

Apollonius Golgatha:

Im Traum entrückt auf eine Wiese,
find ich mich im Paradiese.
Löwen, Affen, Hirsche, Tiger,
links der Niger.
In den Himmel weben Pinien
zart verdämmernd ihre Linien.
Durch die Stille, schrill und blau,
schreit ein Pfau.
Die Tulpen rot ihr Blut versprühend,
die Luft wie heißes Eisen glühend.
Seh ich recht? Beim Rhadamanthis!
Die versunkene Atlantis.

Der Herr Mitte dreißig:

Hier siehst du alle großen Männer,
sie waren ausnahmslose Kenner.
Im Eisenharnisch Karl, der Kühne,
auf seinen Knien, nackend, Phryne.

Dafnis:
Frau Gloria im roten Rock,
hinter ihr ein ganzes Schock:
Flakkus, Maro, Alexander,
Cäsar, Scipio und Lysander,
Hannibal und Abdul-Bey,
kurz die ganze Kumpanei!

Publikum:
Lukas Cranach, Lukas Bolz,
Schinderhannes, Arno Holz,
Janosch, Mikosch, Epikur,
Bierbaum und die Pompadour!

Chor:
Esther, Esra, Sappho, Sem,
Poppäa und Methusalem;
verwickelt in ihr langes Haar,
Joseph mit Frau Potiphar!

Der Herr Mitte dreißig:
Auf Purpurpolstern liegen da
David mit der Bathseba,
Salomo mit Sulamith,
sie sind nicht mehr beim ersten Lied.

Apollonius Golgatha:
Fackeln haben sie und Flöten
und auf Polstern Blumen, Frauen;
Pagen knien mit Erröten ...

Der Herr Mitte dreißig:
... plötzlich hört man wen verdauen.

Apollonius Golgatha:
Vergeblich drückst du deine Lauge
mir ins geschmolzne Sonnenauge!
Pack dich an die eigne Gurke,
Schurke!

Der Herr Mitte dreißig:

Hier sitzt die biblische Susanne
und schwitz in ihrer Marmorwanne;
der alte Blum, der alte Bloch
kucken durch das Schlüsselloch.
Der alte Blum kann kaum noch stehn,
er glaubt ins Himmelreich zu sehn;
der alte Bloch verlor den Kneifer,
in langen Fäden rinnt der Geifer.

Regisseur:

Ohne Frack und weiße Binde
liebt hier Sigmund die Siglinde.
Und dort drückt auf das Kanapee
Herkules die Omphale!

Der Herr Mitte dreißig:

Dort der Dunkle ist Homer;
er ist noch jung, das freut ihn sehr.
Er küsst die schöne Schehresade,
sie stieg erst eben aus dem Bade.

Apollonius Golgatha:

Wahnverzückt, mit goldnen Augen,
sieh ihn ihre Schönheit saugen!
Sie gibt sich lachend seinen Lüsten,
beseligt hängt er über ihren Brüsten!

Regisseur:

Ein See blaut zwischen Wiesen
mit badenden Marquisen.
Durch einen Busch belauscht sie Clauren,
ihn reiten nieder zwei Centauren.

Chor:

Ein Mädchen ohne Strumpfband
watet in den See,
der Reif, der ihr den Rumpf band,
glitzert aus dem Klee!

Dafnis:

Ihr Leib ist wie poliert, die prallen Brüste blitzen,
zwei Augen, welche nichts als göldne Flammen spritzen!
Bald taucht sie aus dem Salz, bald duckt sie wieder unter,
bald komm ich aus mir selbst, bald werd ich wieder munter.

Apollonius Golgatha:

Was seh ich? Einer Marmorgöttin Knie,
ein Bein, ein Busen, eine — flieh, Herz, flieh!

Autor:

Nanu, das wird ja immer bunter:
Ninon! Mütterchen! Noch munter?

Der Herr Mitte dreißig:

Blond der Busen, blond das Bein,
wer will Liebesbote sein?
Das Kind ist nah an Achtzig,
ich glaub, die Sache macht sich.

Apollonius Golgatha:

Schwül um ihr Fleisch zerschellt und rollt
der Sonne siedendes Posaunengold;
und unterdessen überblitzt ihr Knie
der Säulen Erz und Lapislazuli!

Don Juan:

Reich mir die Hand aus Alabaster,
du langes Laster.

Regisseur:

Hinter roten Rotdornhecken
eilen sie, sich zu verstecken.
Sein grünweißes Wunder
wiegt der Holunder.

Dafnis:

Dort, guck, die dicke Frau,
Juno mit ihrem Pfau.
Sein vielberühmter Schwanz
höht ihren Perlenglanz!

Der Herr Mitte dreißig:

Du bist mir lieb, du bist mir wert,
o du Achtzigtalerpferd!

Chor:

An den Bauch aus Porzellan
drückt hier Leda ihren Schwan,
Io, mehr wie eine Kuh,
buh!

Regisseur:

Hier siehst du einen Stier voll Tücken,
Europa sitzt ihm auf dem Rücken.
Dahinter reitet hopsasa
Antonius auf Kleopatra.

Stimme:

Mein Bildnis stand im Kapitol,
mir war einst ganz unglaublich wohl,
wie fünfmalhunderttausend Säuen,
in Bajäs blauen Luftgebäuen.
Als Öchslein hab ich mit Behagen
Europam übers Meer getragen.
Zu Leda noch galanter
kam ich gehuppt als Ganter.
Auch Alkmene
war mir bene.
Signor mio,
schluchzte Io,
und der schönen Danae
tat ich was ins Portemonnaie.

Dafnis:

Die Sternburg machte ihm dem Teufel ein Vergnügen,
kunt er nicht ab und zu sein Eheweib betrügen!

Stimmen:

Ich war der King, sie war die Queen,
alles versunken wie Julin!
Mein letzter Priester hieß Properz,
jetzt bin ich Stein, jetzt bin ich Erz.

Apollonius Golgatha:

Eine Landschaft, herrlich wie von Klinger,
Pinien, purpurn, um ein altes Grab,
eines weißen Knaben schlanker Finger
bricht sie zärtlich Blumen ab.
Steil dahinter aus Basalt
eine weibliche Gestalt.
Durch des Abends Terebinthen
tauchen Tinten.
Eine Harfe schlägt die Frau,
dämmerndes Violenblau!

Musa musarum:

Ich hieß Ovid, ich hieß Catull,
ich hieß Properz, ich hieß Tibull,
ein süßer Schauder war mein Lied,
ein Mädchen, das sich nackt im Spiegel sieht.
Ich lehrte den groben deutschen Flegeln
der Liebe goldne Genusregeln.

Chor:

Aus einem abendroten Wald
der Göttin schimmernde Gestalt.
Zu ihren Füßen hingeschmiegt
ein schlafend Einhorn liegt.

Dafnis:

Zwei Brüste blass und bloß,
gemänckt aus süßem Teige;
Poppäens nackter Schoß
liegt ganz voll Lorbeer-Zweige.

Apollonius Golgatha:

Über Busen ihr und Lenden
Fließt's wie von beseelten Händen,
und balsamisch haucht die Luft
ihres Fleisches Rosenduft.
Und sie naht sich — wie auf keuscher Sohle
das süße Blau der ersten!

Chor:

Umglänzt von lauter kleinen Wölkchen,
umschwänzt von einem Zephyrvölkchen
naht die Herrliche, die Schöne —
langgezog'ne Tubatöne!

Der Herr Mitte dreißig:

Vor der Stirn den Kohinor,
durch nichts zu überbieten,
blendend durch den blauen Flor
zwei zitternde Meriten!

Publikum:

Ai, kiek! Ist das ein lieber Bengel
und drall wie ein Posaunenengel!
Zwischen zwei weißen, wonnigen Hügeln,
seht ihr? da sitzt er und schlägt mit den Flügeln!
Amor, der Lausbub!

Apollonius Golgatha:

Der Lilie Licht mit sieggewohnter Pranke
umschlingt die Schlanke.
Selig breit ich meine Lüste
über Schultern ihr und Brüste!

Der Herr Mitte dreißig:

Nur Eins, Kind, ärgert mich vertrakt,
dieser ganze Krimskrams, der dich mir verpackt,
dieser, diese Perlen, diese Seide!
Runter! Weiber, wie du, sind nackt!

Apollonius Golgatha:

Eine himmlisch hohe Frau,
ihr Gewand erstrahlt in Blau;
zu Boden sinkt es Stück für Stück,
lotoslächelnd winkt mein Glück!

Der Herr Mitte dreißig:

Pardon, wenn ich den Schleier lüfte
von deiner mädchenzarten Hüfte:
zwei rosige Pilaster,
gedreht aus Alabaster!

Puffschnute:

Krichste Motten? Krichste Maden?
Deibel, hat det Meechen Waden!
Det sind Ärme! Det's ne Weste!
Schielewippe, halt mir feste!

Schielewippe:

Nu, die könnt mir schon jefallen.
Soll ik ihr mal eenen knallen?
Ik finde det janz munter —
klar driber und nischt drunter.

Apollonius Golgatha:

Die blanken Brüste unbewehrt,
so steht sie, nackter als ein Schwert!
Auf Beinen wie aus Marmorquadern,
mit Diamanten drin und goldnen Adern.

Poëta laureatus:

Ich seh dich schwinden, seh dich schweben,
fern, silbern noch ein letzter Schein,
nach dir wird's jetzt mein Leben
eine einzige Sehnsucht sein!

Apollonius Golgatha:

O weh, o weh, du liebe Tulipane!

Regisseur:

Laut wimmert Werther dort um Lotten,
sie kocht für Alberten Karotten.
Ein Gockel ist er, brav und bieder,
in jedem Frühling kommt sie nieder.
Schon sind es sieben Orgelpfeifen,
Ihr Rock hat wieder weite Reifen.
Ein Stubsen ist das, ein Gestürze,
sie klammern sich an ihre Schürze,
mit Pflaumenmus beschmiert die Schnuten,
auf einem Trichter hört man tuten.
Sie drückt an ihren Taillenklot
inbrünstig das Fünfgroschenbrot.

Werther:

Dich zu fliehen, dich zu meiden,
längst bin ich's gewohnt!
Blutrot über graue Weiden
schwimmt der Mond.

Die Grünen:

Nachts, wenn die Akazien weh'n,
lass deine Seele schlafen gehn.
Was kann dir die für Weh bereiten?
Ein Kind mit schönen Einzelheiten!

Der Herr Mitte dreißig:
Zu viel Schmerzen
lass dich nicht zwicken.
Flöhe und Herzen
kann man — knicken.

Regisseur:
Dante taucht, der große Dichter,
knirschend aus dem Höllentrichter.
Seine keusche Beatrietzsche
küsst jetzt Nietzsche.

Chor:
Er schauft, er reckt sich wie ein Riese
auf nie betretner Asphodeloswiese!

Apollonius Golgatha:
Aus ihren Augen sprach ein Gram:
sieh hier ein Weib, dem man die Keuschheit nahm.
An jeder ihrer Wimpern hing
der Schmerz, ein schwarzer Schmetterling!

Einer von der Galerie:
Dort, die Dicke, Donner Schock!
Mit Rosen überstreut den Rock.
Die Schultern weiß, den Busen weißer,
das ist doch Dorchen Lakenreißer?

Platschneese:
Wat saachst, Quatschkopp? Lakenreißer?
Du Scheißer!
Det Luder kenn ik janz jenau —
Kahline Köppke heeßt die Sau!

Kahline Köppke:
Jotte doch, ick weeß nich,
watte immer hast?
Klapperst mit die Oogen,
rotzt mir annen Bast!

Kaum det noch hinieden
Eenen wat erfrischt —
lass mir doch zufrieden,
ick dhue dir ja nischt!

Dafnis:

Fürtrefflig war der Wind, der mich hierher getrieben,
wo man nur Marzipan aus lauter Silben bäckt:
Dies Buch hat *Venus* selbst mit ihrer Faust geschrieben,
da fast ein jedes Wort nach ihrem Balsam schmeckt.
Der alten Buhler Schaar, hier isst sie ganz zu finden,
hier schaut der Grosse *Carl* den Kleinen *Pipin* an;
wie jeder heißt, verrät ein Täfelgen aus Rinden,
der achte *Heinrich* steht beim Britischen *Johann*.
Hier hütet mit Bedacht Prinz *Paris* seine Zigen,
er möchte gern die Nacht bei seiner *Venus* liegen.
Hier bohrt sich *Pyramus* ein Loch zu seiner *Thispe*
und *Syphax*, auch nicht faul, schleicht sich zu *Sophonisbe*.
Schon naht mit Donner-Groll *Neptun*, man hört ein Schrei'n,
der blanken *Thetis* stößt er seinen Drei-Zack ein.
Wie ihre Marmor-Brust sich mit Rubinen spitzt,
wie ihr gewölbter Schoß wohlriechend Amber schwitzt!

Pickelhering:

Quatsch, quaddel nich, halt's Mül!
Jetzt kommt wat fürs Jefühl!
Jetzt kommt mit Elegangß
die Pjähß de Resistangß!

Apollonius Golgatha:

Jach an die Stirn mir schmettr ich: Ha!
Im Sonnenschein Egbatana!
Der Frühlingsvögel silberhelles Schlagen
durchglänzt das Zauberland der Lotophagen,
aus tausend Sonnen strahlt sein Glanz!
nun steh ich in geweihten Räumen,
mein Herz mit seinen Lilienbäumen
gleicht einer schimmernden Monstranz!

Regisseur:

Braun wie aus Bronze, stark wie ein Stier,
sieh Holofernes mit Judith hier.
Im Hintergrund, blitzend, Jerusalems Zinnen,
das alte Stück wird gleich beginnen.

Der Herr Mitte dreißig:

Ihrer schwimmenden Mandelaugen Assyrisch
lacht so lieblich, lockt so lyrisch;
jeder Blick ist ein Lasso
a porto basso!

Apollonius Golgatha:

Ums Haupt geknüpft wie eine Schnur
der siebenfarbige Azur!
Aus Sonnenstrahlen das Gewand,
ein Traumweib aus dem Morgenland!
Über Busen ihr und Beine
blitzen Perlen und Gesteine,
zwei Rosen duften schwül und schwer,
keusch wie Beethoven und das Meer!
Noch hat sich lechzend seine Hand
in ihre Schätze nicht vergraben;
noch lächelt sie ihn unverwandt
mit Augen an, wie sie Madonnen haben.
Ihrer Augen schwarze Kerzen
spiegeln sich in seinem Herzen.
O keuscher Stille wollustvolles Lied,
er sieht sie an, wie man in Lilien sieht!

Publikum:

Ha! Endlich reckt er seine Glieder!
Errötend sieht sie sich ins Mieder:
zwei weiße, wütende Lawinen,
die sich verbluten aus Rubinen!

Dafnis:

Hilf, Himmel, was ich seh'!
Ein Wibbeln, Wabbeln, Wühlen.
Nein, diesen nackten Schnee
soll keine Faust befühlen!

Der Herr Mitte dreißig:

Da, seht nur, wie dem Lümmel jetzt wird!
Sein funkelnder Kettenpanzer klirrt,
ihr kleines Taubenherz zittert und klopft,
sein schwarzer Bart von Balsam tropft!
Er ist der Wolf, sie ist das Lamm,
bitte, geniere dich nicht, Madam —
ich bin ein böser Heide!
Zupft sich nicht an seinem Gilet,
tut nicht erst, höflich s'il vous plait,
ist forsch und frech für Beide!
Packt sie, zwackt sie, zwingt sie nieder,
stinkt nach Achselschweiß und Cider,
reißt ihr runter das Korsett.
Auf Löwenklauen ächzt das Bett,
mit Troddeln behängt und güldenen Quasten.
Seine Finger gierig über ihre Schönheit tasten.
Schon liegt sie aufgeschürzten Knies
mit den beliebten Diddlitzkendies.
Wo blieb das Hemd? Wo blieb der Schuh?
Du liebes, dickes Mädchen du!

Apollonius Golgatha:

Übers Bett hin warf das Weib
lechzend seinen Lotosleib!
Ein Weib? Sie ist kein Weib!
Sie ist nur eine Dirne,
der schwarz auf ihren Leib,
der schwarz auf ihre Stirne
sein Lorbeerschatten fällt!

Dafnis:

Mein Gott, sie wälzen sich; wie sie die Purpurhillen,
wie sie das ganze Bett verrangeln und verknillen!

Apollonius Golgatha:

Da wuchs ich auf, ein lechzender Gigant,
der seine Träume um die Sterne spannt.
Um meinen Nabel, unsichtbar dem Volke,
verlor die Welt sich wie in einer Wolke,
und mir zu Füßen lagen platt
der Gaurisankar und der Ararat.
Tief erschrocken,
klangen Glocken.
Eine Sehnsucht in mir rief
fern und hyazintentief.
Eine schleierlose Nonne
nackt am Himmel stand die Sonne.
Frech um ihren Leib gewunden
sieben brünstige Sekunden,
von hundert Himmeln übergnadet
in ihren Gliedern hab ich taumelnd mich gebadet!
in ihres Busens zitternde Melissen
hab ich gebissen!

Der Herr Mitte dreißig:

Sie talpsackt "Nit?", er stöhnt: "Oh du!"
Schon wieder drückt hier ein blauer Schuh.
Um die vollendet edlen Beine
schlingt er seine.

Lukas:

Ihr schwarzes Haar erschauert ganz,
zwei Menschen fanden sich zum Tanz.
Ein Weib stöhnt aus verzücktem Hasse,
zwei Menschen bilden eine Masse.

Autor:

Seine Zähne knirschen, ihre Augen brechen,
weiter verbietet mir leider zu sprechen
die noch immer drohende Heinzesche Lex,
drum Gedankenstrich und Klecks.

Regisseur:

Klecks, und schnell die Klappe zu,
beide deckt jetzt süße Ruh.
Er atmet tief, er atmet schwer,
das Mädchen funktioniert nicht mehr!

Der Herr Mitte dreißig:

Dort der Mann in großer Gala,
alle Götter in Walhalla,
Phantasus als Niepepiep!
Nein, ist mir der Kerl bloß lieb!

Puffschnute:

Lieb? Det kann'k nu jrad nich sagen.
Wie Seefe liecht er mir im Magen.
Er tut mir zu bescheiden.
Ik kann den Kerl nich leiden!

Niepepiep:
Aus Anlass meiner glücklichen Wiederkehr nach Timbuktu
verleihe ich dem Oberpriester Müller
das Großkreuz meines blauen Elefantenordens mit Palmwedeln und Schwertern.
Er hat es an einen goldnen Ring zu hängen
und ich gestatte ihm huldvollst, dass er sich diesen durch die Nase zieht.
Seine Gattin,
geborne v. Brocktisch, verwitwete Kretschmer,
erhält eine neue Klapperschlangenboa,
drei Kilo Lebertran,
sowie die silberne Verdienstbrosche.
Ich befehle!
Festlich entkleidete Amazonenregimenter
erwarten mich auf bronzierten Krokodilen am Niger.
Der Weg durch die Wüste wird noch einmal mit Sand bestreut.
In genau einzuhaltenden Pausen, beziehungsweise Zwischenräumen von je fünf Minuten
befahren ihn grüne Sprengwagen mit Terebinthenwasser.
Die Meridiane werden entfernt, die Parallelkreise mit Ölfarbe bestrichen.
Die Glocken sämtlicher Konfessionen haben zu läuten.
Kalmus, Ansichtspostkarten, Wallnussstangen,
Extrablätter, mit Moskitoschnaps gefüllte Straußeneier und Porträts von mir
in großer, gestickter Admiralsuniform, behängt mit den Ketten meiner sämtlichen Orden,
mit und ohne Bartbinde,
verteilt mein Ballettkorps.
Jeder noch unbescholtene Bürger der staatserhaltenden Parteien
erhält gegen Vorzeigen seiner Steuerquittung eine Blechmarke und darf zugreifen.
Desgleichen steht die ganze Zeit über
der Besuch der öffentlichen Rotunden
GRATIS
frei.
Die Kosten
bestreitet aus ihrem letzten Überschuss von achtundachtzig Millionen
meine Privatschatulle.
Im Paletot mit Pelzkragen,
gefolgt von meiner gesamten maison militaire,

links von Prittzewitz, rechts von Zittzewitz,
passiere ich dann pünktlich Schlag zwölf Uhr
das Nilpferdtor.
Ich werde sehr ernst ausseh'n!
In Kamelshaarmänteln,
die Schädel geschoren, um die Gurgel den Strick,
mit Kettenkugeln an den Arc de triomphe geschweißt,
erwarten mich kniend die Väter der Stadt.
Der Kadi redet.
Ich höre aufmerksam zu und mit sichtlichem Wohlwollen.
Nachdem Ich indessen allergnädigst geruht haben werde,
nicht zu antworten,
wird Omar-Ibn-Ibraim Pascha,
der alte, silberbärtige Aga Meiner Janitscharenorta,
den Yatagan zieh'n,
in demselben Augenblick,
über die bunte, gedrehte Mittelkuppel Meiner Mondmoschee,
flitzt Meine große, getigerte Standarte hoch,
und unter den flutenden Wellen des Präsentiermarsches,
unter den begeisterten Zurufen des Publikums,
werde ich lächelnd,
zwischen jedem Kandelaberpaar mit dem Zeigefinger an den Turban greifend,
rechts von Zittzewitz, links von Prittzewitz,
schneidig,
bis vor die weißen, weit geöffneten Elfenbeinflügel Meines Kremls
durch meine Hauptstadt reiten.
Ferner!
Den Abend vorher,
in der mit vergoldeten Drachenlichtern zu erhellenden Aula der Universität,
wird Yorimaschighe Sebulon Freudenthal,
der neu ernannte Professor der Beredsamkeit,
über die Autointoxikation bei Tieren,
insbesondere Plumpfischen, Pfeffervögeln und Meerschweinchen,
unter dem Gesichtspunkt
ihrer spezielleren Beziehung zu Unserem Erhabenen Herrscherhause,
einen auf purpurnes Eselsleder mit Diamantstaub kalligraphierten Vortrag
ablesen.
Dieses Pergament
wird noch in derselben Nacht

durch eine eigens hierzu gebildete Deputation,
bestehend aus Feuerwerkern Meiner Artillerieschießschule mit Unteroffiziersrang,
bei Magnesiumlicht,
der Sesostriskammer Meines Museums einverleibt.
Die Sonne,
eingeholt von den mit grünem Seidentaft zu überziehenden Ballons meiner Luftschifferabteilung,
begrüßt von sämtlichen silbernen Kesselpauken meiner sämtlichen Armeekorps,
wird an dem festlichen Morgen selbst
sieben Sekunden früher aufgehn.
Das Betreffende,
nach erledigtem Übereinkommen mit Konsistorium und Sternwarte,
veranlasst mein Hofmarschallamt.
Alles Sterben an diesem Tage ist zu unterlassen, alles Gebären einzustellen.
Ferner!
Die von vierundzwanzig Giraffen gezogene Pfauenkutsche,
in der in blassblauer, mit violetten Löwenäffchen bordierter Seidenrobe, in reizendem Capothütchen,
meine HOHE GEMAHLIN sitzen wird,
wird von zwölf berittenen Leibkutschern in weißen Allongeperücken
unter der Führung von sechs Stallmeistern aus dem Sattel gelenkt werden.
Ferner!
In allen öffentlichen Vergnügungslokalen,
von acht Uhr abends ab,
nach Schluss des Zapfenstreichs,
findet
BAUCHTANZ
statt.
Die Polizeiorgane sind angewiesen, nicht zu intervenieren.
Sollten nichtsdestoweniger Unruhen vorkommen,
so ist angeordnet worden, nur auf die Füße zu schießen.
Ferner!
Die Feier hat einen durchaus patriotischen Verlauf zu nehmen!

Alle, Ringelreih:

Kleines Fischchen Brididi,
nimm ihn mit nach Bimini.
Kleines Täubchen Kukruku —
o Ferdinand, wie schön bist du!

Regisseur:

Genug, genug des Tanzgeschlings,
dort kommt noch wer geritten.
Pistole rechts, Pistole links,
ein Dolchmetz in der Mitten!

Der Herr Mitte zwanzig *so lange mit Privatangelegenheiten in der Garderobe beschäftigt gewesen*:

Ich bin ein roter Demokrat,
und zwar ein ganz vermaledeiter,
mein Ärmel streift an Hochverrat,
an Richtschwert, Fallbeil und so weiter.
Doch pst, sie ist ja längst vorbei,
die goldne Zeit der Barrikaden,
denn heuer herrscht mit Blut und Blei
Das *** von Gottes Gnaden!
O, oft noch überläuft's mich heiß,
denk ich an Herwegh und an Hecker,
denn wieder bläht sich das Geschmeiß
der Teller- und der Speichellecker.
In "H"och- und "A"llerhöchster Gunst
stehn Leutnants nur und Wachparaden,
denn was darüber ist, ist Dunst
dem *** von Gottes Gnaden!
Bezahlt wird jeder, was er gilt,
der eine ist des andern Henker,
und zur Maschine wird gedrillt
das Volk der Dichter und der Denker.
Zwar öfter murrt es, doch was tut's?
Wenn die Gewehre nur geladen!
So hielt's von je schon kalten Bluts

das *** von Gottes Gnaden!
Doch still, o still, mein wildes Lied,
auch dein Traum wird sich einst erfüllen,
auch du eilst einst in Reih und Glied,
wenn lautauf die Kanonen brüllen.
O, dann wird strahlenden Gesichts
die Freiheit sich im Frührot baden,
dann sinkt für immer in sein Nichts
das *** von Gottes Gnaden!
***
Der Herr Anfang zwanzig erlaubt sich an dieser Stelle eine Vokabel von einer Kräftigkeit, die der Herr Mitte dreißig, als bereits gesetzteren Alters, trotz aller Liberalität denn doch nicht glaubt dulden zu dürfen. [Das unterdrückte Wort - "Gaunertum" - ist ab der Ausgabe von 1917 ausgeschrieben. M. H.]

Chor der Ballonmützen:
O, dass sie endlich mal erst knarrte,
die blutbesudelte Standarte!
Schon stößt erbittert in sein Horn
der Proletar von Gottes Zorn!

Der Herr Mitte dreißig:
Jeder Atemzug ein Knall.
Das prustet, faucht und zischt.
Das singt, wie jene Nachtigall,
die dem Bauern die Schafe frisst.

Alle:
Er fühlt sich so edel,
er fühlt sich so gut,
er trug so hoch den Wedel,
bumms, haut ihn auf den Zuckerhut!
Der Herr Anfang Zwanzig wird unter großem Gejohl definitiv rausgeschmissen. Krachend, für immer, schließen sich hinter ihm die ehernen Türen der Zirbeldrüse.

Apollonius Golgatha *noch ganz aus allen Fugen, ihm nach*:
Erloschne Sterne zitterten und sangen,
ha, was gebarst du nicht ein Nest voll Schlangen?
Noch immer klingt es in mir fort,
sein rotes Orchideenwort!

Der Herr Mitte dreißig:
Alte Blechbüchsen warf ich und Kiesel mit Kanten
in diese Müllgrube voll Diamanten.
Kein "Kunst" gewordnes Philosophem,
ein tanzender Galgenberg ist dies Poem.

Impresario:
Psychologien mit künstlerischer Vehemenz ausgespieen auf ein indifferentes Lokal! Feierliche und wie schwere Sonnenblumen grelle Sätze; bunte Reime, üppige Adjektive und die Lust metaphorischer Reize!

Makulaturprofessor:
Wohin auch meine Zehen treten —
disjekte Membra des Poeten.
Dies Kunstwerk tut mir wirklich weh,
das macht, ihm fehlt die Grundidee.

Der Herr Mitte dreißig:
Was der und jener von mir "hält",
salzt mir noch nicht die Suppe;
die "Anerkennung" eurer "Welt"
ist mir totaliter schnuppe.

Autor:
Weit streckt der Kunstbaum seine Wurzeln,
die Kritiker darüber purzeln.
Bunt durch meine Seele zieht
dies allerletzte Schwanenlied.

Der Herr Mitte dreißig:
Dies Biest ist wie die Arche Noä.
Du findest Alles, o my dear,
vom Nilpferd bis zum Metazoä,
vom Jüngling bis zum Trampeltier.

Publikum:
Malaga, Cocktail und Münchner Kindl,
Himmel, ist das ein Gesind'l,
an mein armes Nervensystem bimmern und bummern
alle Farben und alle Nummern!

Monstrum:
Ich komme mir wie ein Regenschirm vor,
als Stiel aus der Mitte hängt mein Magenrohr.
Mir ist so süß, mir ist so minnig,
nur weiß ich wirklich nicht, was bin ich?

Urwesen:
Von hinten bin ich, wie von vorn,
ein kleines, kugeliges Plasmakorn.
Mir ist so wohl, mir ist so mollig,
nur weiß ich wirklich nicht, was soll ich?

Doktor Allwissend:
In dir schlummert schon das Tier.
Zwei mal zwei und du bist vier.
Einstweilen, mit Bezug aufs Ganze,
wirst du erst Pflanze.

Phantasus:
Nebelfleck, Urzelle, Wurm und Fisch,
Alles war ich — verschwenderisch.
Alles bin ich: Hottentott,
Goethe, Gorilla und Griechengott.
Ich bin die Rose, die der Lenzwind wiegt,
ich bin der Wurm, der ihr im Schoße liegt.
ich bin ein Stäubchen nur im Wind,
ich bin, was meine Zellen sind.

Pickelhering:

Auch du, auch du warst einst mein Süßchen,
ein kleines Protoplasmamüschen
in einem alten, verschollenen Meer.
Aber das ist schon lange her!

Der Herr Mitte dreißig:

Kaum ein zerflatternder Schemen,
ein blinkendes Tröpfchen kaum,
durchsaust von Milliarden Systemen
dies Pünktchen Raum!

Doktor Allwissend:

Kritisch mit mikroskopischen Ellen
messen es meine Ganglienzellen.
Das alte "Cogito" — Gott, wie dumm!
Ich forme es: Coeo, ergo sum!

Oberhofprediger:

Was ist diesem Lümmel die "Welt"? Ein Bordell.
Er erzeugt die Liebe "experimentell".
Schon bei seinem "Urtier" schweinigelt der Flegel
vom "Empfängnisfleck" und "Befruchtungskegel".

Pickelhering:

Und so tanz ich Arm in Arm
mit dem Leonidenschwarm.
Wer war mein Ahne?
Ein Quadrumane.

Disputax:

Und solches Zeug, sich zur Erbauung,
nennt nun die Menschheit "Weltanschauung"!
Da fühlt man sich bedeutend keck
und nennt es selber — Katzendreck.

Pickelhering:
Stolz kräht der Hahn auf seinem Mist.
Entwickle dich nur munter.
Wenn du glücklich oben bist,
fällst du wieder runter.

Autor:
Früher war die Sache zum Beispiel famos.
Da war der Mensch ein Erdenkloß.
Dann aber kam Ibsen und Pastor Manders
und heute ist er ganz etwas anders:
Ein Viertel Gold, drei Viertel Tier —
ein Sahnenbaiser in Klosettpapier.

Der Herr Mitte dreißig:
Das alles, Kinder, sind Hyperbeln,
die schnell zerbrechen und zerscherbeln.
Die Weise schweigt, wozu die Worte,
die Wahrheit qualmt, der Irrtum brennt;
bei Licht beseh'n ist eine Apfeltorte
ein unverdautes Exkrement.
Ein Kleinod, wunderbar getrieben,
hab ich nun extra mir verschrieben.
Dies Kleinod heißt in unsrer Zeit
die allgemeine Wurschtigkeit!

Chor:
Im Winter, wie im Lenz,
von Peking bis Berlin,
die letzte Konsequenz
des Wissens heißt Strychnin!

Pickelhering:
Die Welt ist krumm, die Welt ist schief,
stürz dich in dein Käseknief!

Chorus mysticus:

Recht, auch du bist nicht gewitzt,
Recht hat nur der Glaube,
durch den blauen Himmel blitzt
schneeweiß seine Taube!

Fidele Bande:

Puh, dies Erdlein stinkt nach Mist,
und die Füchse bellen,
wenn's im Himmel Festtag ist,
essen wir Forellen.
Barthel schleckert, ob der Most
heuer gut geraten,
Lorenz muss auf seinem Rost
Leberwürste braten.
Margarethe kocht den Brei,
Küchlein bäckt Sabine,
Salomo spielt die Schalmei,
David Violine.
Joseph legt den Braten vor,
Petrus muss tranchieren,
und der Englein schnippisch Chor
tut uns invitieren.
Lustig sitzen wir dann da,
mampfen wie die Mäuschen,
unser alter Großpapa
lacht wie aus dem Häuschen.
Ausgeleckt sind Napf und Topf,
schmunzelnd spült sie Liese,
satt bis an den Kragenknopf
geht es auf die Wiese.
Alte, Junge, groß und klein,
tanzen, singen pfeifen,
und mit unserm Heil'genschein
spielen wir dann Reifen!

Der Herr Mitte dreißig:

Die Ewigkeit ist eine schönen Stadt,
drin jeder Ofen Äppel in der Röhre hat.
Das hofft noch immer, dass es auferstände,
an jedem Grabkreuz wärmt sich das die Hände!

Chor:

Unkenkönigin im Sumpf
will die Menschen locken.
Das klingt so hell und klagt so dumpf —
ferne Klosterglocken!

Prozession:

Von Surinam bis Kiautschau,
nun lasst uns gehn und treten,
die Welt ist eine alte Frau
und will nur knien und beten.

Chor:

Ach, euer Gott ist blind und taub
und ihn und uns begräbt die Zeit
und bläst ins Meer der Ewigkeit
dies kleine Körnchen Weltenstaub!

Der Herr Mitte dreißig:

Wann weicht die Nacht? wann blüht das Licht?
Ich weiß es nicht, ich weiß es nicht!

Apollonius Golgatha:

Hoch am Himmel unbewohnt,
kuck, noch immer hängt der Mond
wüst in diese Nacht des Spottes,
eine blutige Träne Gottes!

Pickelhering:

Seht, wie vergnüglich seine Bahn
er dort am Himmel zieht —
du Lump, du Protz, du Ludrian,
du Bimssteinsphäroid!

Mittelachsler *als Hirn eine Himmelskugel, als Bauch einen Globus*:
Wie,
wenn wir in unserm Hirn statt Blut
geschmolznes Eisen mit Platinzellen führten,
und statt Phosphor Silicium von dreitausend Grad Hitze?
Wie,
wenn unser gesamtes Planetensystem
nur ein x-beliebiges Stäubchen in irgendeiner riesenhaft fühlenden Zirbeldrüse wäre,
dessen Jahrbillionen dauernde Bewegung von Empfindungen begleitet wäre,
wie etwa in unserm linken Ohrläppchen die Bewegung eines verbrennenden Fettmoleküls,
die doch nicht den tausendsten Teil einer Sekunde erfordert?
Wie,
wenn selbst diese ganzen sogenannten Verse hier,
sämtliche Werke meiner sämtlichen Vorfahren, Nachfahren und Mitfahren nicht ausgeschlossen,
nur der transzendentalste Bockmist wären?
Alles entsetzt.

Mardochai:
O weih! O weih!
Er schlägt die Weltenglocke entzwei!

Apollonius Golgatha:
Schrill stiert mich an aus blauem Strauch
sein grüner Papageienbauch!
Schon hat der Wahnsinn ihn befallen,
ein unsichtbares Tier mit schwarzen Krallen!

Der Herr Mitte dreißig:
Ob eine Wurst, die nachts im Rauchfang hängt,
sich noch Gedanken über einen Stern macht,
der golden über ihrem Zipfel brennt?
In dies Problem sich wie ein Maulwurf grübelnd,
bepinselt er seine Nase sich
vor seinem Spiegel kunstvoll mit Zinnober,
schrie Kikriki, fraß siebzehn saure Gurken,
soff dann diverse Kübel Buttermilch
und starb zuletzt als Sultan von Marokko.

Ein alter Herr Ende sechzig:

Wem ward die Welt je kund?
Ein Wappen seh ich bleichen:
Drauf taucht aus goldnem Grund
ein schwarzes Fragezeichen!

Der Herr Mitte dreißig:

Ist das Symbolum der Menschheit
nur ein neugebornes Kind,
das am Herzen seiner Mutter
zukunftsrosig in die Welt lacht?
Oder ist es, schuldverflucht,
Jener Jude Ahasver?
Flammend über ihren Scheitel
peitschten seine Flügelräder
ein Jahrtausend um das andre;
doch noch heute durch ihr Herz
zuckt das alte Weltschmerzmärchen
von dem Mann im Lande Uz:
Wie das Adlerweib zum Flug,
ist der Mensch zum Leid geboren.
Und sein Leben saust dahin,
rastlos wie die Weberspule!
Warum hast du mich, o Herr, nicht
schon im Mutterleib erwürgt?
Warum lässt du deine Sonne
auch den dunklen Herzen scheinen?
Wurmig ist mein Fleisch und kotig,
wenn ich esse, muss ich weinen,
und das Heulen meiner Därme
fährt aus mir heraus wie Wasser!
Aß ich je mit diesen Zähnen
von dem Tränenbrot der Witwen?
Hab ich jemals meine Mutter
angespien wie ein Bube?
Weh mir, dass ich Dich, Du Bluthund,
töricht, nicht schon längst erkannt:
Die Gewalt ist deine Stärke
und das Unrecht ist dein Recht!

Apollonius Golgatha:

Der Sinn der Welt? Der Sinn der Welt bin Ich!

Impresario:

Feuerrote Wiesen, japanische Disteln, unzüchtige Weiber, wollüstig zerknittert von zärtlichen Übungen, mit Bäuchen, die aus Gold sind! Tasten, tasten, mit pochendem Geistesfinger, tasten an die Pforte des Alls! Den Reflexen ihre Geheimnisse ablocken, die Geheimnisse um ihre Rätsel betrügen!

Autor:

Mein armer Schädel, ich armes Wurm,
kommt mir vor, wie ein alter Glockenturm.
Seine Mauern sind morsch, sein Gebälk zerbrechlich,
und Biester hängen drin — unaussprechlich!
Bebeult, begrünspant, zerbolzt, zerbissen,
mit Dohlen- und Eulendreck dick beschmissen,
und alle baumeln unisono:
Cui bono! Cui bono!

Der Herr Ende sechzig:

Und unterdessen sitzt und lohnt
das Nichts, das über den Wolken thront.
Nur eins blüht ewig und versteht:
Das Gras, das über den Gräbern weht.

Stimme:
Möchtest gern das Ding verstehn,
dem Weltwitz hinter den Spiegel sehn.
Doch hast Du leider noch nie besessen
einen Bauch, der zu viel Trüffel gefressen.
Noch niemals lud sich bei dir ein
das Glück, das dicke Eichelschwein.

Der Herr Mitte dreißig:
Ach, und aus dieser dumpfen Misere
sehnt sich mein Herz auf jubelnde Meere,
jubelnde Meere im Sonnenschein —
o, wär ein Zaubermantel mein!

Autor:
Aus fernem Nord blau rollt die See,
der Bernstein blitzt im Sand.
Dort hinter den weißen Dünen,
dort liegt und lacht im Grünen
mein Heimatland, mein Heimatland!

Apollonius Golgatha:
Mit roten Dächern lag die kleine Stadt,
mit roten Dächern über gelben Giebeln,
von fern her donnert das Kattegat,
auch blühten Blumen dort aus seltenen Zwiebeln.
Die goldne Streitaxt hob der König Gunter,
auf Delfter Ziegeln gingen Schiffe unter!

Autor:
Über den Kopf der versunkenen Stadt
tanzen die Wellen wie Feuerfunken,
und die Sonne, die alte Säuferin, hat
sich über und über rot getrunken!

Der Herr Mitte dreißig:

Schöne Jugend, längst liegst du tot,
über dir lodert das Abendrot!
Schöne Jugend, längst liegst du ferne, —
schwarze Bäume, Schnee und Sterne!

Autor:

Noch heute, alles ist längst aus,
sieht oft mein Herz im Traum
die alte Stadt, das kleine Haus
und drin den Weihnachtsbaum.

Chor der Greise:

Stunden gibt es, Stunden, die durch unser Leben
sich schwarz und tot wie Trauerflöre weben,
und die uns predigen wie der Chronist,
dass leider Gottes alles eitel ist!

Apollonius Golgatha:

Die Welt zerbarst, der Sonnenvorhang riss,
es war der Tag, der großen Bitternis.
Wie schrille Knochenweiber tanzen
Dissonanzen!

Der Herr Mitte dreißig:

Phantasus! Noch immer seh ich
ihn vor seiner Kiste kauern,
die er nächtlich sich als Schreibpult
zitternd an sein Bett gerückt!
Durch das wolkennahe Dach
tröpfelt der Novemberregen,
und im spindeldürren Rauchfang
tanzen Kontre die vier Winde.
Neben ihm im faulen Stroh
knuspert ohne Furcht ein Mäuschen,
und um seine blasse Stirn
webt ein Talglicht seine Glorie.

Autor:

In seinem Herzen sang und klang
die Schönheit, die den Stein bezwang.
Doch ihn zertrat, es war zum Weinen,
die Welt mit ihren Elefantenbeinen.
Heut klappern seine Knochen ihr Tedeum
im anantomischen Museum!

Der Herr Mitte dreißig:

Auch ich blies einst verliebt die Flöte
im wunderschönen Monat Mai
und trug mich wie der junge Goethe,
halb Schmetterling und halb Lakai.
Zwischen Birken, zwischen Buchen,
ging mein Herz den Frühling suchen;
längst nahm das Abschied und verschwand
ins bunte Butterblumenland!

Stimme:

Wann wie ehmals wirst du wieder
golden deine Pfeile schärfen
und die Perlen deiner Lieder
lachend vor die Säue werfen?

Ein Herr Ende sechzig:

Mein Herz ist krank, mein Hirn ist tot,
nie wieder grüßt es das Morgenrot.
Auch lastet schwer auf mir wie Blei
das ewig gestrige Einerlei.
Die Waffen ruh'n, die Waffen rosten,
ich bin ein längst verlor'ner Posten.
Schon blüht die Welt in meinen Farben —
ich war das Korn, ihr seid die Garben!

Stimme:

Wonach Millionen hungern und dürsten,
du warst einer von den Fürsten.
Dir ward das Herrlichste, die Kunst,
und das Süßeste, Frauengunst!

Ein Herr Ende sechzig:

Irgendwie und irgendwo,
irgendwo und wann,
auf dem Schlosse Monpopo
war einmal ein Mann.
Auf dem Schlosse Monpopo
war auch eine Frau,
irgendwie und irgendwo,
und ihr Schuh war blau.
Blau wie Schuhe es so sind,
doch ihr Herz war rot –
Ach, ich fühl's, das süße Kind
ist schon lange tot!
Auf mein braunes Haar fiel Schnee,
meine Sonne sank...
spiegelt sich im kleinen See
immer noch die Bank?
Irgendwie und irgendwo,
irgendwo und wann,
auf dem Schlosse Monpopo
war einmal ein Mann!

Der Herr Mitte dreißig:

Jugend, Fröhlichkeit und Wein,
Alles war mein.
Ich preise mein Glück
und wünsche mir nichts zurück.

Stimme:

Du fühlst, dein Blut fließt immer kälter
durch deinen Leib, der sein Behälter.
Bald meckerst du, ach, ohne Haare,
flüchtig verrinnen die Jahre!

Der Herr Mitte dreißig:

Stuss! lass sie rinnen, wie sie rannen.
Noch immer reißt mich in sein Fest
der Mai, der seine jungen Tannen
grün auf die Berge klettern lässt!

Stimme:

Das macht den Kohl nicht fetter.
Der Tod kennt keine Faxen.
Dein Baum für die sechs Bretter
ist sicher schon gewachsen!

Der Herr Mitte dreißig:

Hör auf, Herz, zu salbadern
von Jungfernschaft und Tugend;
noch rollt durch meine Adern
das rote Blut der Jugend!

Chor:

Fahl flimmern die Sterne, schwarz steht der Tann,
trage deinen Brüdern die Fackel voran,
denk nicht zurück!
Denk an die Bestien, die vor dir im Dunkeln
aus tausend Katzenaugen funkeln,
nicht an dein Glück.
Denk nicht zurück!
Denk an dein Schwert und wie das saust,
und dein Herz lass dir nicht klopfen,
wenn auf deine nackte Faust
dir die roten Funken tropfen!

Dafnis:

Kartaunen
rasaunen,
das knattert und kracht,
Trummen
brummen,
Gott Mavors lacht.
Haubitzen
blitzen,
die Querpfeife gellt,
ade, du mein Glücke,
itzt geht in Stücke
die ganze Welt!

Der Herr Mitte dreißig:
Wie der Harnisch der Templeisen,
blinkt mein Kleid aus schwarzem Eisen.
Aus meiner Klinge, aus meiner Zither
zucken Gewitter.
Von Buxtehude bis Brabant,
ich reite alle in den Sand!

Apollonius Golgatha:
Der Mensch wird wirklich ennuyant.
So halt doch endlich deinen Rand!
Rück her auf meine Purpurlanze,
du Wanze!
Der Herr Mitte dreißig zieht aus seiner Brusttasche eine Virginia, aus dieser den Strohhalm, klettert auf das Postament, bugsiert ihn hinten in das Schaukelpferd und pustet: Roß und Reiter bläh'n sich regenbogenfarbenschillernd auf und verschwinden langsam in die Soffitten. Das Orchester setzt ein: Chopin, Trauermarsch aus der b-Moll-Sonate.

Impresario *statt des majestätischen Davonsegelnden jetzt selbst auf dem Postament; der Herr Mitte dreißig raucht seine Virginia; der Regisseur hat dreimal auf die Souffliermuschel geklopft, es herrscht allgemeine Stille*:
Es war sein Wesen, Vehemenz und Grazie zu vereinen. Mit einem Zuge von Goya, mit einem Zuge von Watteau, romantisch und rokoko zugleich, ungestüm und süß, den wüsten Dampf von Blut vermischten seine Verse mit dem innigen Dufte japanischer Magnolien. Alte, blasse, schwanke Webereien, gotische Möbel und danteske Trachten, Lilien, Wappen und die laute Pracht der Pfauen — so verhängte er die Täglichkeit der Dinge und mit stillen Gesten feierlicher Demut, in Gewändern von Mantegna, botticellisch ernst und milde lauschen seine Frauen, wie in weißlich-grüner Seide, unter Kränzen bleicher Rosen, Pagen aus der Vita Nuova lesen. Aus breiter, goldener Schale wollte er den edlen Wein großer Gedichte trinken, die der Menge fremd waren. Andre sollte der dienstwillige Becher tränken, der von Lippe zu Lippe ging. Gedränge atmender Menschen meidend, wollte er wie reiche Herrscher Festen lauschen, die der Geist ihm feierte, ihm, dem Einzigen. Was war ihm heulender Beifall? Hässlicher Tagestribut! Wenige nur und gleiche sollten gern ihn grüßen. So wollte er dastehn: kaum gestattend, dass ihm die Schar an seines Gitters goldne Stäbe die Finger legte! Stendhal hätte für hundert geschrieben, er: nur noch für einen. Und das war er selbst. Hätte ein Geist, wie der seine, sich je entschließen

können, etwas drucken zu lassen, es vor das Gewieher der Übertiere zu werfen, so wäre dies höchstens in dreizehn Exemplaren geschehn — zwölf für die Freunde und eins für die Menge; jene auf Japanleder, dieses auf Löschpapier. Er verachtete die Pose und war für den Sauerteig der Gedanken. Er plante eine große prosa-epische Trilogie, deren erster Teil "Ans Kreuz genagelt" heißen sollte. Der zweite sollte dann "Das dritte Testament" lauten, während der dritte "Sein letztes Idol" betitelt war. Möglich, dass er auch noch einen Epilog "Verblutet" dazugeschrieben hätte. Das heißt — vielleicht! Das Ganze wäre dann "Asche" betitelt worden. Gedanken, die vor ihm niemand zu denken auch nur gewagt! Ist es ausgeschlossen, dass er der tiefste Philosoph seines Zeitalters gewesen? Er dürstete nach Katastrophen, Höhepunkten, Arraratspitzen! Der Adler umarmte in ihm die Schlange, das Eichhörnchen den Polarstern. Seine Gedankenstriche verschwiegen Odysseen, seine Punkte offenbarten Bibeln! Leidend lernte er viel von GOETHE, die Natur war ihm die große Japanerin. Die sanfthäutige Traube, der grübchenvolle, wollig frische Pfirsich, die porig ausgreifende Apfelsine — er wusste alle Nuancen zu deuten. Die Uhr war ihm eine Rädertruhe mit silberner Bewandtnis und der Mond eine halbe Zitrone, die durch die Luftlimonade des Weltalls schwamm. Er reflektierte damit im Sinne verwässerter Überverständlichkeit auf keine Durchschnittsmenschen. Popularität? Pfui! Er redete seine eigne Sprache, nicht die abgeplattete des Pöbelwahns. Angesichts der elefantenhäutigen Position des Philisterdaseins donnerte er nein, dass der ganze Kosmos dröhnte. Jede Gebärde sang von dem Allerheiligsten in seiner Seele. Lasst uns von Rom nach Gethsemane pilgern, die Kluft zwischen ihm und uns war zu groß!
Die Bühne hat sich verdunkelt, Jünglinge, Greise und Jungfrauen, alles liegt auf den Knien und schluchzt.

Impresario *nachdem er sich in sein rotseid'nes Schnupftuch geschnäuzt, mit tränenerstickter Stimme weiter:*
Wer war er? Dem logischen Entwicklungsgange in jenem seltsamen Übergangsstadium entrissen, wo die Vollmondkraft einer fremdintellektuellen Einflussmacht bei ihm erregt war, im beängstigend eruptiven Moment schöpferischer Gefühlssteigerung, schied er. Der Flutausdruck geistigen Übermenschentums über sich selbst hinaus war bei ihm vollendet, das Tellurische reagierte gegen das Lemure, seelische Parallelmomente schlugen rezeptive Ahnungsbrücken und jener ergiebige Ebbezustand begann, welcher Muscheln und seltene Perlen zu fördern pflegt; veilchenfarb'ne Äolsharfen, fabelhafte Wunderbäume der Sehnsucht, in denen Sterne aufgehangen waren, wie Goldäpfel um die Adventzeit! Da schied er. Schied

und schwand in die Einsamkeit, wo das Ich wohnt ... Er war keine heit're Schalmei, keine kichernde Klarinette. Er war ein assyrischer König mit himmelstürmender Tiara und grellen, lichtgewobenen Brokatkleidern; auf dem Sensenwagen schwebte er daher über der europäischen Misere mit einer Macht und grandiosen Herrlichkeit, die die sklavische Menschheit vor ihm in den Kot warf. Sein Gehirn umspannte die gewaltigen Formen der Tempel von Lahore, kombinierte die ägyptische Sphinx mit dem chinesischen Drachen, schrieb mit den furchtbaren Maßen, aus denen die Pyramiden entstanden, und fühlte in dem vollen, majestätischen Sanskrit, wo jedes Wort ein lebendiger Organismus ist, der durch einen mystischen pangenetischen Vorgang zu einem Wesen geworden, zu einem unermesslichen Geschlechtsorgan mit unermesslicher Zeugungskraft, das alle Sprachen, alle Gedanken geschaffen hat: eine Synthese von Logos und Karma. Sein Gehirn war eine kosmische Enzyklopädie. Er fühlte sich selbst als sein Gott, in den er freudegeblendet hineinstarrte!

Zu den Jünglingen:
Die ihr auf einsamen Höhen wandelt, starke, in sich gegründete Individuen, mit einer Neigung zum Heraldischen, zu Tapeten und Fliesen, unter Bäumen mit kranken, tuberkulösen Ästen eurem Rückenmark lauschend, verzweifelnd über die brutale Sinnlosigkeit des Lebens, die dem Dasein immanente Tragik, während leise Goldharfen zart eure Schultern küssen, eure vor Verwund'rung bleichen Stirnen — klagt, Brüder, klagt! Eigenhändig hat er sich von der Gebärmutter losgerissen, die Aorta unterbunden, der Kompass seines Ichs schoss fanatisch aufs Jenseits!

Zu den Jungfrauen:
Und ihr, die ihr die Hüterinnen verlorener Wege seid in weichen, verhüllten Gärten voll schmerzlicher Gesänge vergessener Wohlgerüche, mit inniger Bewunderung über eure Seelen gebeugt, wie über bodenlose, verzauberte Wasser, das Heilige in euch zu betrachten nicht ermüdend und sehr glücklich, dass ihr das Wunder des Lebens schauen dürft, die Glockenblume, die dem Pisanello so lieb war, aber von einem Glück, welches selber fühlt, dass es nicht dauern kann — weint, Schwestern, weint! Alles hatte er für euch geopfert, alle Schranken niedergetreten; durch einen Wald von menschlichen Leibern hatte er sich mit der Axt den Weg zu euch gebahnt. Was wollt ihr noch? Wie Felicien Rops betrachtete er das Leben aus der Geschlechtsperspektive. Er wies ihm das Amt zu, Sensationen zu geben, und lernte in Nuancen zu schwelgen. Er kitzelte Eure Nerven wie mit Pfauenfedern und predigte das Hohelied der schönen Nacktheit!

Zu beiden:
Ja, er liebte die große, heilige Funktion, in der sich sein Geschlecht verflüchtigte. Es war ein markiges, saftgeschwollenes Stück seines intimsten Seelenlebens! Er träumte die zitternde Brunst perverser Orchideen, feierte die roten Blumen lechzender Ekstasen, kniend vor den uterinen Instinkten des Weibes vergötterte er den Fünfsekundengenuss. Einseitig trotz aller Vielseitigkeit, vielseitig trotz aller Einseitigkeit. Heiliges Schweigen mag über diesen geheiligten Gegenständen nachsinnen.
Seine Stimme stirbt, man hört nur noch Geschluchze. Es ist ganz dunkel geworden.

Der Herr Mitte dreißig:
Braun beschnupft die blaue Bluse,
sitzt die alt geword'ne Muse;
würdig, mit diskretem Air,
steht ihr Flötensekretär.
Hinter ihrer Bettgardine
strullt sie in die Punschterrine;
doch der hohe Stuhl bleibt leer,
schießt nur blind, sie kann nicht mehr!
Mümmelnd schluckt sie eine Pille,
schnäuzt sich, seufzt und sucht die Brille,
nimmt ein Buch von Paul de Kock,
hebt empor den Wattenrock.
Weicht die Beine in der Wanne,
neben sich die Kaffeekanne,
um die Warze vorn am Kinn,
setzen sich die Fliegen hin.
Durch das Fenster um ihr Häubchen
zittern bunte Sonnenstäubchen,
goldgrün rankt sich wilder Wein,
langsam, langsam nickt sie ein...
Kamillentee und Kreosot,
im Uhrgehäuse hockt der Tod.
Er steigt heraus, verhängt den Spiegel
und drückt ihr schwarz aufs Herz sein Siegel.

Schinderhannes, *noch immer Revolutionär der Lyrik*:

Vier Männer trugen einen schweren Sarg,
der eine tote Leiche barg.
Der Mond erschrak, das Käuzchen schrie,
es war die deutsche Poesie!

Die Vier:

Weh, der Tod, der bleiche Bube,
stieß sie in die gelbe Grube,
klackte ihr grinsend seine Plombe
auf die Knochenhekatombe.
In die Nase, in die Lippe
hieb er ihr mit seiner Hippe.
Ohne Lippen, ohne Nase
ist jetzt ihre letzte Phase.
Setzt ihr auf ihr kalt Gebein
einen warmen Leichenstein!

Der Herr Mitte dreißig:

Armes, liebes, altes Mühmchen,
längst verwelkt sind deine Blümchen.
Strahlend steigt mein höchster Ruhm:
splitternacktes Heidentum!

Chor:

Schrieb ein Parter,
schrieb ein Perse,
je vernarrter
solche Verse?
Nein, kein Inder
war je blinder.
kein Germane
so im Trane.
Kein Ägypter
tat betippter,
kein Beschwippter
je bewippter.

Auf, ihr Meder,
spitzt die Feder,
solches Leder,
das kann jeder!
Drückt ihm statt den Lorbeerkranz,
in die Faust den Kälberschwanz!

Der Herr Mitte dreißig:

Erst tut sich das und blökt express
nach einem "Aristophanes".
Und trittst du ihm dann auf den Zeh —
oh je!

Alle:

Er hielt für Hämmel uns, für Schafe,
jetzt kommt die Strafe!

Mardochai, aus dem Hinterhalt:

Meinen Dolch
ohn' Erbarm
diesem Strolch
in den Darm!

Lukas:

Drei Kröten her, geschwind!
Stopft sie ihm in den Rachen!
Wurschtsuppe, liebes Kind,
lass ich aus mir nicht machen!

Stimme des Apollonius Golgatha:

Stopft ihm das Maul mit seinem Frack
und bindet ihn in einen Sack,
in dem mit dem bekannten Kringeln
sich sieben grüne Nattern ringeln!

Dafnis:

Schnallt auf die Fleisch-Banck ihn,
braucht Messer, Pech und Kerzen,
tropft Wachs und Schwefel ihm ins Ohr!

Begießt ihn mit geschmolz'nen Erzen,
er hat beliebt mit uns zu scherzen,
auf, werft ihn Stück für Stück den schwarzen Hunden vor!

Stimme des Apollonius Golgatha:

Die Wippe wipp ihn und so weiter,
die Schraube quetsch ihm Arm und Bein,
in seine Haut sät Dracheneier,
die Brunst von Molchen träuft ihm ein!

Mardochai, Lukas, Lea, Trio:

Stoßt ihm die Augen aus mit Nadeln,
kein Mensch kann uns deswegen tadeln,
näht seine Lippen zu mit Zwirn.
Schnürt ihn aufs Blut mit einer Sehne,
pfropft Pfeffer ihm in jede Vene
und Vipern stopft ihm ins Gehirn!

Stimme des Apollonius Golgatha:

Gekrönt mit einem Helm aus glühend heißem Eisen
setzt ihn auf einen Stuhl von Stahl;
und sein Gedärm, um das die Geier kreisen,
wickle man um einen Pfahl.
Zwölf Tage lasst den Henker mit ihm spielen,
er schrieb mit fremden Federkielen!

Stimme:

Und seine gottverfluchten Strophen?

Alle:

In den Ofen!

Pickelhering:

Und ist der Hundsfott endlich tot,
dann mengt ihn mir mit Mäusekot.
So geht es jedem Kleckser,
pro Pfund n Sechser!

Stimme des Apollonius Golgatha:

Du trankst mein Blut, du warst mein Alb,
an meinem Gürtel schlappt dein Skalp!

Epitaph *errichtet von einer dankbaren Nachwelt*:

In des Teufels Paradies
brät er jetzt an einem Spieß,
schlägt rund rum die Riesenwelle,
hier liegt die Pelle!
Die Kulissen, die sich die ganze Zeit über verwandelt haben, verflüchtigen sich, der Hirnsand ist ins Rutschen geraten, das Altertum schiebt sich ins Mittelalter, dieses wieder in die Neuzeit, und der Raum, der nun völlig dunkel geworden ist, stellt nur noch die Zirbeldrüse an sich dar.

Ausklang, *der Herr Mitte dreißig an sich selbst*:

Für dein Geleier
in Poesie
hier diesen Dreier —
aus Ironie.

www.ingramcontent.com/pod-product-compliance
Lightning Source LLC
Chambersburg PA
CBHW031255230426
43670CB00005B/195